★ 课本背后的故事 ★

神秘的

化学

冷晓红 编著

江西高校出版社
JIANGXI UNIVERSITIES AND COLLEGES PRESS

图书在版编目（CIP）数据

神秘的化学 / 冷晓红编著 . — 南昌 : 江西高校出版社,
2017.4（2020.6 重印）
（课本背后的故事）
ISBN 978–7–5493–4630–1

Ⅰ . ①神… Ⅱ . ①冷… Ⅲ . ①中学化学课－课外读物
Ⅳ . ① G634.83

中国版本图书馆 CIP 数据核字 (2016) 第 193960 号

出 版 发 行	江西高校出版社
社 址	江西省南昌市洪都北大道 96 号
总编室电话	（0791）88504319
销 售 电 话	（0791）88500223
网 址	www.juacp.com
印 刷	湖南锦泰数字印刷有限公司
经 销	全国新华书店
开 本	787mm×1092mm 1/16
印 张	13
字 数	157 千字
版 次	2017 年 4 月第 1 版 2020 年 6 月第 4 次印刷
书 号	ISBN 978–7–5493–4630–1
定 价	39.00 元

赣版权登字 –07–2016–571

目录
CONTENTS

第四章　化学与药品

第五章　化学与饮食

第六章　化学课本中的名人们

第一章
奇妙的化学

 主题引言

　　化学是奇妙的，是五彩缤纷的。在化学的世界里，你可以看到绚丽的金属燃烧释放出的各种颜色的光，你也可以探寻很多困惑人类几千年的历史之谜，你还可以探测大自然中更多细微的，甚至是未知的世界……

第一节
从太上老君炼丹说起

在《西游记》里，孙悟空大闹天宫时偷吃了太上老君的仙丹，太上老君盛怒之下把孙悟空关进炼丹炉烧了七七四十九天。结果太上老君的三昧真火不仅没有将孙悟空炼化，反倒使其从炼丹炉出来后拥有了"火眼金睛"……这是不是说明炼丹炉是个可以让人换装备的地方呢？中国神话传说中的仙丹和炼丹炉炼丹又究竟是怎么回事呢？

知识聚焦

炼丹术，又名炼金术，它是近代化学的前身，人们称之为原始化学。

炼金术始于古埃及，那时在尼罗河畔曾竖着一座座炉子，方士们一遍又一遍地灼烧，力图把普通的金属变成黄金。而炼丹术则是起源于我国古代，有着几千年的历史。

我国炼丹活动起源于公元前 3 世纪。到了东汉时期，方士们的神仙思想发展成为道教，炼丹的风气便深入民间。方士们最初炼制丹药是期望以此来进行修炼，配合其他养生方法让自己成仙，也就是可以达到长生不老的境界。

古时候炼丹的原材料比较有限，一般是朱砂、硫黄、雄黄、火硝、矾、食盐、铅、水银等。炼丹者取出需要用到的原材料后，把它们混合拌均匀，放在密闭的容器中，使用各种不同的火力煅烧。在加热的过程中，这些物质往往会发生一些复杂变化，这种变化就是我们现在说的化学反应。这些矿物在经过如此的炼制以后，原来的化学成分，包括能够实现的功效、适用症和具体的用法都发生了改变，生成的新品种又会具有新的性能。

比如，我们都知道水银是有毒的，只能外用，如用来杀虫或者治疗疗疮、恶疮、痔疮等，如果直接服食的话会致死。但是，经过炼制后，水银就会成为一种被称为轻粉（氯化亚汞）的物质，氯化亚汞依然具有攻毒、祛腐、杀虫等作用，也可内服通便、治疗水肿等症。古代医学家也说了，这虽然跟完全不能吃的水银有着本质的差别，但是轻粉还是具有一定的毒性，因此不可长期服用。这对于当时的社会来说却是非常了不起的进步了，可见古时的方士、道士们也不完全是在浪费时间、材料和欺骗他人，他们还是推动了很多化学上的原始进步。

据《史记》记载，在秦汉时期，我国对炼丹术非常热忱，人们相信可以用炼丹术炼制黄金、长生不老药，并且为此在全国范围内大兴丹药。我国古代著名的几位皇帝都是炼丹术的忠实"粉丝"，从秦始皇到汉武帝，炼丹术一直都在宫廷中占有一席之地。

在炼制丹药的过程中，我们先人除了发现很多全新的药物以外，还在炼丹的过程中发明了火药，这是一个在当时来说超越时代的发明，但可惜的是没有得到更系统的研究。

后期的炼丹术更接近于黄白术，也就是在世界范围内都很流行的点石成金术。至此，炼丹术的三个基本方向就已经确定了。从最初的治病，到在这个基础上炼制长生不老药，再到最后的炼制黄金，炼丹术就这样融入了中国古代社会，至今依然在民间有所遗留。

炼丹

延伸阅读

炼丹术具备的三种目的，可以说一开始就决定了它只是文明发展过程中的一种探索。炼丹术从现代科学的角度来说是可贵的尝试，也是可笑的坚持，在人类的历史上一直是毁誉参半，至今仍然有很多人在研究炼丹术，这无疑是一种不科学的和反科学的行为。

李时珍

虽然炼丹术让古代的人们能够率先进入到初级的化学实验中，让人们获得了丰富的化学知识，但是炼丹术并不应该在现代科学的条件下继续，因为炼丹术毕竟是一种原始的摸索，是不具备化学科学原理作为体系支撑的。所以，在漫长的炼丹史上出现了大量因为服用丹药而中毒的事件。

因为丹药的原料本身就是有一定毒性的，长期服用不仅不会长生不老，而且会导致慢性中毒。古代的名医很早就发现了丹药的这种弊端，比如韩愈、李时珍都对此进行过抨击，古书中有云："我为药误……欲求长生，反致速死。"这就揭示了大部分所谓仙丹的真相，炼丹术本可以是现代化学的先驱，但是被金丹所误，人人都为了不可得的目的而试图滥用金丹，结果欲长生者反而早死，欲成仙者反而送了命。

因此，现代人应该引以为戒，找出炼丹术中真正有价值的部分，继承其中好的内容，摒弃其中丑陋的、迷信的糟粕，用科学武装思想，提升科学鉴别的能力。

第二节
炼丹术中的科学成就

炼丹家们在他们的炼丹活动中，汲取了劳动人民在生产生活实践中的丰富经验。从炼丹实践中，他们认识到物质变化是自然界的普遍规律，不自觉地积累了大量关于物质变化的经验知识，在一些重要的科技发明中起到了重要的作用。

知识聚焦

我国晋代葛洪在所著的《抱朴子内篇·金丹篇》中总结出"丹砂烧之成水银，积变又还成丹砂"。丹砂即硫化汞，呈红色。这种人造的红色硫化汞，可能是人类最早通过化学方法制成的产品之一。该书的《金丹》《黄白》《仙药》三篇集中讨论了炼制金、银与丹药，化学知识丰富，文字浅显易懂。葛洪对炼丹极为推崇，自己亲身参与炼丹活动，积累了很多经验，对古代化学发展的贡献也是多方面的。

在长期的炼丹实践中，炼丹家们对炼丹过程中各种物质的某些反应规律做了进一步探讨，使炼丹活动在化学、冶金学以及仪器的发明和使用等多方面取得了重要的成就。

一、火药的发明

火药是我国古代炼丹术中的一项伟大发明，火药的发明为人类文明的发展做出了重要贡献，至今已经有 1000 多年的历史。

火药

炼丹家是最早发现火药的人。炼丹家在炼丹的过程中发现，炭比木头更容易燃烧起来，而硫在烧起来以后不容易加以控制，硝就更加的活泼了，直接将硝撒在木炭上，就算没点燃的木炭也会着火。

突火枪

在之后不断的实验过程中，炼丹家们发现提取砷会出现比较激烈的化学反应，也就是记录中所说的"炸鼎"现象，也就是爆炸现象。到了唐代，人们在"硫黄伏火"的多次实验中发现，把硝石、硫黄、木炭混合点燃时会发生猛烈的燃烧。由此，人们便把以硫磺、硝和炭为主要成分配置而成的药物称为火药。火药的发明推动了火药武器的研制，为推动社会生产力的发展做出了巨大的贡献。

二、金属的冶炼

古代人们普遍认为金、银等贵金属可以让人长生不老，因此许多皇帝也都想方设法寻找长生不老药，炼丹家们在长期的实践中也掌握了许多其他金属的冶炼技术。我国从最早的青铜器，慢慢进入到铜锡合金，再到铁器，其中都有大量炼金术士的身影存在。

早在夏代，我国就进入了青铜器时代；到了商周时期，能够冶炼出数量众多、工艺精湛的青铜器；战国时期就能制成铜锡合金。西汉刘安所著《淮南万毕术》记录了"曾青得铁则化铜"，即把铁放在胆矾（硫酸铜）溶液中，可以将铜置换出来，这是世界上水法冶金的起源。

春秋晚期，我国出现冶铁技术。到了秦汉时期，冶铁工业相当昌盛，技术先进，汉代的《史记·天官书》中有"火与水和为淬"的记载。

先进的冶金技术带来了武器的革命。近年来，考古学家在春秋晚期和西汉时期的墓葬中发现了许多钢铁兵器。这些钢铁制品虽然在地下经历了两千多年的岁月，但依然锋利无比、寒光照人，这充分说明了我国古代的冶金技术已经十分先进。

三、仪器的发明和使用

在炼金术和炼丹术数千年的历史中，炼丹家和炼金术士们在各种"试验"的基础上，不仅发明了许多仪器，如加热器、蒸馏瓶、坩埚等，也掌握

冶铁

了许多实验操作技术，如蒸发、过滤、蒸馏等，特别是提纯物质的技术的创立，这对研究物质的性质起着重要的作用。

延伸阅读

20世纪30年代，德国有个名叫海因利希·科萨根的人宣称不仅能从沙子里面提炼出黄金，甚至还能提炼出金属铀来。他在实验室中举办演示会，投资者们亲眼看到科萨根把烧瓶里的沙子与水混合在一起，再通上电，然后就可以得到黄金。通过这个表演，科萨根大约骗到了1万英镑的投资，美国有个百万富翁甚至肯出价5万美元买他的技术。最后这个骗局被揭穿了，原来烧瓶中装的沙子早已掺了金粉，当然就会炼出金子了。

我国市面上兜售各种各样的假金佛、假金制品的骗局经常发生，最突出的就是20世纪90年代王洪成的"水变油"骗局。"点铜成金、指水成油"这些都是古代炼丹家们所追求的，但是实际上又是不可能实现的，因为这都需要在普通的条件下实现元素的转化。

第三节
面粉厂爆炸之谜

1977 年 12 月 22 日中午，一声惊天动地的爆炸声在美国威斯威科市响起，方圆十几公里内的居民明显地感觉到爆炸时巨大的冲击波引起的震动，建筑物上的玻璃窗纷纷震落下来，"哗啦啦"响成了一片。是什么发生了爆炸？被突如其来的爆炸吓蒙了的人们实在想不出来。要知道，威斯威科市是一个仅有数万人口的小城市，此地既没有军队的弹药仓库，也没有易燃易爆的工厂。惊魂未定的人们将目光扫向了爆炸声传来的方向。那里升腾起了 10 多层楼房高的火柱，而且，有大朵蘑菇状的烟云正在升起，就像发生了原子弹爆炸。看到此情景的人们更加疑惑不解了：那里是一座贮存面粉的仓库啊，面粉怎么可能发生爆炸呢？

知识聚焦

其实这不稀奇，你只要知道面粉的成分和燃烧的条件就明白是怎么回事了。面粉中含有碳、氢等元素，像这些可以发生燃烧的物质，我们把它们叫作可燃物。

燃烧是指可燃物与空气中的氧气发生化学反应的过程。可燃物燃烧的必要条件有两个：一是温度要达到物质的着火点，二是要有充足的空气。

着火点是可燃物燃烧时需要达到的温度，很多能燃烧的物质不会像黑火药那样一点就燃，而要达到一定的温度才能燃烧起来。一般情况下，可燃物的温度没有达到它的着火点就不会发生燃烧现象。

面粉厂生产面粉时，面粉厂里的粉碎机要把小麦加工成很细很细的面粉。对于一定的物质来说，被粉碎的程度越大，即颗粒越小，表面积越大。面粉粉尘的颗粒特别细，虽然每粒粉尘的体积很小，但每一粒粉尘的表面都同空气充分接触，就有了足够多的

面粉爆炸实验

空气来发生反应而燃烧。因此，当空气中的粉尘含量达到一定程度时，任何一个微小的火种都会使它达到着火点而燃烧起来，从而产生大量的气体和热量，使有限空间空气的温度由室温一下子升到几百度以上，空气体积会急剧地膨胀而引起爆炸。

因此，为了避免这样的悲惨事故，除了尽量不使粉尘飞扬外，通常都要在门口挂上"仓库重地，严禁烟火"的红色字牌，以引起人们的高度警惕。

延伸阅读

凡是可以燃烧的物质的粉尘在一定条件下都会发生爆炸现象。当这些粉尘在空气中达到一定的浓度时，一旦遇有火苗、火星、电弧和适当的温度，瞬间就会燃烧起来，甚至发生剧烈的爆炸，而这些细尘的爆炸威力也绝不亚于炸弹的破坏作用。

因此，人们在煤矿的开采过程中除了安装通风排尘装置外，还在矿井坑道中洒水、喷雾，造成较高的湿度，把周围环境的温度降低到

粉尘的着火点以下，避免引起爆炸。另外，客车进加油站加油时，司机提醒乘客不要吸烟也是同样的道理；在参观煤矿和面粉厂时，不允许穿带有铁钉的鞋子，因为铁钉

带链条的油罐车

可以与地面、摩擦出小火星；油罐车的罐子后面拖一根铁链在地上，将摩擦产生的静电安全导入大地中，也是为了防止摩擦产生的静电火花引发爆炸，酿成悲剧。

懂得了可燃物燃烧的道理，我们不仅可以安全生产，而且可以将其原理应用于灭火。当发生火灾时，只要把可燃物的温度降低到着火点以下，或者将可燃物与空气隔绝，都可以达到灭火的目的。消防队员灭火时采用的向燃烧物洒水或用灭火器喷射灭火物质的措施也是根据这个原理。

第四节
"鬼火"的真相

夏天的傍晚或雨过天晴后，在农村空旷、偏僻的地方，有时会莫名其妙地出现一团团游走的火焰，在坟墓间出现的频率最高。如果人从火团旁边经过，它还会跟在人后面移动，回头一看十分吓人。这究竟是怎么回事呢？

知识聚焦

科学家们统计发现，在城市也会偶尔出现"鬼火"现象，一般有球形、焰火形、火柱形等。长期以来，科学家们对"鬼火"之谜还没有完全揭开，通过大量的实验研究和分析，目前有几种关于"鬼火"形成的不同观点，其中燃烧说占主要地位。

燃烧说认为，"鬼火"实际上是磷火，是一种很普通的自然现象。人体的各种组织和器官主要是由碳、氢、氧三种元素组成，除此之外还含有其他一些元素，如磷、硫、铁等。人体的骨骼里含有较多的碱式磷酸钙，人死后躯体埋在地下腐烂，会发生各种化学反应。

地下的磷由碱式磷酸钙状态转化为磷化氢，磷化氢产生之后沿着地下的裂痕或孔洞冒出到空气中。它是一种无色的气体，其分子由2个磷原子和4个氢原子组成 P_2H_4，也称联磷。磷化氢有一种烂鱼味，一旦释放到空气中，就会同氧气发生反应燃烧起来，发出蓝色的光，这就是磷火，也就是人们所说的"鬼火"。盛夏天气炎热，温度很高，化学反应速率加快，磷化氢易于形成，也就容易产生"鬼火"的现象。

关于"鬼火"的移动，科学家们有一个解释，说这可能跟空气的流动有关，在周围空气比较静止的无风之夜，人体在运动的时候会带动周围空气，产生气流。"鬼火"的质量非常轻，很容易被风吹动，所以就跟着人一起跑了，而且怎么都甩不掉。

针对燃烧说，有人提出了几个不能解释的现象：盛夏夜晚的温度绝对没白天高，阴雨天气的夜晚也不会比正常天气温度高，"鬼火"为啥白天不会烧完呢？带着这个疑问，有人从另一个角度进行了分析研究，这就有了"鬼火"形成的另一种解释——冷光说。

冷光说认为，"鬼火"并不是真正的火焰，而只是一种化学发光。这种发光是借助于类似荧光素酶，也就是萤火虫体内通过化学反应产生的酶，在同氧气发生反应的时候产生的亮光，也就是我们常说的生物荧光现象。但究竟是什么物质产生的化学发光现象，冷光说一直没有给出一个科学的解释。

随着球形闪电等新的等离子电流体的发现，关于"鬼火"也出现了类似的猜想。也许"鬼火"是一种空气中的等离子，它们在强大的磁场中，因为某非化学反应而产生的光学特性。这种学说得到了部分科学家的认可，但依然没有真正拿出证据。

总而言之，无论哪种猜想最后都要回归到实验室里面，经过最终的科学实验才能够做出定论。相信随着我们人类科学的继续发展，揭开"鬼火"之谜的那一天不会太遥远了。

延伸阅读

任何一种解释都不是最终的科学判定，"鬼火"现象还要经过最终的科学实验才能够做出定论。神学家也好，科学家也好，一切都要尊重科学，迷信的事物最终也会有科学的试验来解释。

人世间没有鬼，只有火，火产生的原因是物质的变化状态。鬼不吓人人自吓，自然界的火是人类的朋友，人类的繁衍生息离不开火的帮助。有了火，人类才有了今天的繁荣世界。

第五节
二氧化碳与低碳生活

温室气体的排放，导致全球气温升高、气候发生变化，这已是不争的事实。世界气象组织在公布的《2009年全球气候状况》报告中指出，近10年是有记录以来全球最热的10年。此外，全球变暖也使得南极冰川开始融化，进而导致海平面升高。

芬兰和德国学者公布的最新一项调查显示，21世纪末，海平面可能升高1.9米，远远超出此前的预期。如果照此发展下去，南太平洋岛国图瓦卢将可能是第一个消失在汪洋中的岛国。

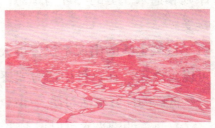

冰山消融

那么什么是温室气体？怎样过低碳生活？这些都是我们所要了解和践行的。

知识聚焦

自现代空气成型后，它的主要成分是氮气、氧气以及稀有气体，这些成分几乎不变。但随着生产的发展，工业革命的到来，人类的种种活动引起空气中某些成分的变化，打破了这种平衡的状态。

当今最突出的环境问题是因二氧化碳的超标排放引起的温室效应。在2009年12月的哥本哈根气候变化峰会上，温家宝总理指出：气候

环保袋分发

变化是当今全球面临的重大挑战，遏制气候变暖，拯救地球家园，是全人类共同的使命。

在意识到生产和消费过程中出现的过量碳排放是形成气候问题的重要因素之一后，减少碳的排放和低碳生活就日益成为人类所关注的重要问题。尽管仍有学者对气候变化原因有不同的看法，但由于低碳生活理念至少顺应了人类未雨绸缪的谨慎原则和追求完美的心理与理想，低碳生活理念也就渐渐被世界各国所接受。

低碳生活的出现不仅告诉人们可以为减碳做些什么，还告诉人们可以怎么做。在这种生活方式逐渐兴起的时候，大家都开始逐渐养成一些低碳的良好生活习惯，如：

1.每天的淘米水可以用来洗手、洗脸、洗去含油污的餐具、擦家具、浇花等，干净卫生，天然滋润。

2.将废旧报纸铺垫在衣橱的最底层，不仅可以吸潮，还能吸收衣柜中的异味；还可以用来擦洗玻璃，减少使用污染环境的玻璃清洁剂。

3.用过的面膜纸也不要扔掉，用它来擦首饰、家具的表面或者擦皮带，不仅擦得亮，还能留下面膜纸的香气。

4.喝过的茶叶渣，把它晒干，做一个茶叶枕头，既舒适又能帮助改善睡眠；还可以用来洗碗、做手工皂的原材料。

5.出门购物，尽量自己带环保袋，无论是免费或者收费的塑料袋，都减少使用。

6.出门自带喝水杯，减少使用一次性杯子；多用永久性的筷子、饭盒，尽量自带餐具，避免使用一次性的餐具。

7.夏天开空调前，应先打开窗户让室内空气自然更换，开电风扇让室内先降温，开空调后把温度调至25℃～26℃度之间，用小风，这样既省电也低碳。

8. 用过的塑料瓶，把它洗干净后可用来盛各种液体物质，也可以盛放一些豆类。

💡延伸阅读

美国媒体2009年12月5日发表的一项研究指出，地球发烧也给人类的健康造成了巨大的危机。

1. 过敏加重。研究显示，随着二氧化碳水平和温度的逐渐升高，花期提前来临，让花粉生成量增加，使春季过敏加重。

2. 物种正在变得越来越"袖珍"。随着全球气温上升，生物形体在变小，这从苏格兰羊身上已现端倪。

3. 外来传染病爆发。水环境温度升高会使蚊子和浮游生物大量繁殖，使登革热、疟疾和脑炎等时有爆发。

4. 藻类泛滥引发疾病。水温升高导致蓝藻迅猛繁衍，从市政供水体系到天然湖泊都会受到污染，从而引发消化系统、神经系统、肝脏和皮肤疾病。

低碳生活，已成为人类急需建立的生活方式。在我们的生活中，发电、采暖时烧煤，交通工具烧油、烧气等都直接排放大量二氧化碳。让我们从身边小事做起，树立低碳理念，养成低碳生活习惯，尽力减少耗能，注意节电、节油、节气，绿色出行，减少二氧化碳排放，共同创造更加节能、更加洁净、更加文明、可持续发展的绿色生活，为应对气候变化贡献自己的一份力量！

绿色出行

第六节
霓虹灯与稀有气体

霓虹灯是城市的美容师，每当夜幕降临时，华灯初上，五颜六色的霓虹灯把城市装扮得格外美丽。那么，霓虹灯是怎样发明的呢？

知识聚焦

拉姆塞

1898年6月的一个夜晚，英国化学家拉姆塞和他的助手正在实验室里进行实验，目的是检验一种稀有气体是否导电。拉姆塞把稀有气体注射在真空玻璃管里，然后把封闭在真空玻璃管中的两个金属电极连接在高压电源上，聚精会神地观察这种气体能否导电。突然，一个意外的现象发生了：注入真空管的稀有气体不但开始导电，而且还发出了极其美丽的橘红色的光。这种神奇的光使拉姆塞和他的助手惊喜不已，他们打开了霓虹世界的大门。

拉姆塞把这种能够导电并且发出橘红色的光的稀有气体命名为氖气。后来，他继续对其他一些气体导电和发出有色光的特性进行实验，相继发现了氙气能发出白色光，氩气能发出蓝色光，氦气能发出黄色光，氪气能发出深蓝色光。不同的气体能发出不同的色光，五颜六色，犹如天空美丽的彩虹，霓虹灯也由此得名。

制造霓虹灯是采用低熔点的钠—钙硅酸盐玻璃做灯管，根据需要设计不同的图案和文字，在灯管中根据要求的颜色充进不同的稀有气体而制成。氖在通电后发出橘红色的光，在空气里透射力很强，可以穿过浓雾，因此，氖灯常用在机场、港口、水陆交通线的灯标上。如果在灯管里充入了氖、氩、氦、水银蒸气等各种相对含量不同的气体混合物，便会产生绚丽多彩的颜色。

灯火辉煌的城市夜景

现在制造的霓虹灯更加精致，有的将玻璃管弯曲成各种各样的形状，制成更加动人的图形；有的在灯管内壁涂上荧光粉，使颜色更加明亮多彩；还有的霓虹灯装上自动点火器，使各种颜色的光次第明灭，交相辉映，使城市之夜变得绚丽多彩。

与其他电光源相比，霓虹灯具有以下特点：

1. 高效率。霓虹灯是依靠灯光两端电极头在高压电场下将灯管内的稀有气体击燃而发光，它不同于普通光源必须把钨丝烧到高温才能发光，那样造成大量的电能以热能的形式被消耗掉。因此，用同样多的电能，霓虹灯具有更高的亮度。

2. 温度低。霓虹灯因其冷阴极特性，工作时灯管温度在60℃以下，所以能置于露天日晒雨淋或在水中工作。同样因其工作特性，霓虹灯光具有很强的穿透力，在雨天或雾天仍能保持较好的视觉效果。

3. 低能耗。在技术不断创新的时代，霓虹灯的制造技术及相关零部件的技术水平也在不断进步。新型电极、新型电子变压器的应用，使霓虹灯的耗电量大大降低，由过去的每米灯管耗电56瓦降到现在的每米灯管耗电12瓦。

4. 寿命长。霓虹灯在连续工作不断电的情况下，寿命达1万小时以上，这一优势是其他任何电光源都难以达到的。

5. 制作灵活，色彩多样。霓虹灯是由玻璃管制成，经过烧制，玻

五彩的霓虹灯

璃管能弯曲成任意形状，具有极大的灵活性。通过选择不同类型的管子并充入不同的惰性气体，霓虹灯能得到五彩缤纷、多种颜色的光。

6.动感强。霓虹灯画面由常亮的灯管及动态发光的扫描管组成，可设置为跳动式扫描、渐变式扫描、混色变色七种颜色扫描。扫描管由装有微电脑芯片编程的扫描机控制，扫描管按编好的程序亮或灭，组成一幅幅流动的画面，似天上彩虹，更酷似一个梦幻世界，引人入胜，使人难以忘怀。

延伸阅读

白炽灯其实也是一种霓虹灯，只不过发的光是白色的。白炽灯的灯管里充入了少量的水银和氩气，有些时候还会涂抹一定的荧光物质在内壁。通电后灯管内的水银蒸气放电的时候，能够产生紫外线而激发荧光物质，这样我们看到的就是类似于日光的可见光了。

霓虹灯问世一百多年以来一直都是全世界的宠儿，它不同于荧光灯、高压钠灯、金属卤化物灯、水银灯、白炽灯等这些弧光灯。霓虹灯的光色由灯管内注入的惰性气体的光谱决定，比如氩气发蓝色光、汞发黄色光、氖气发红色光等。这些霓虹灯工作的原理，其实是因为灯管内的稀有气体原子受到几千伏甚至上万伏的高压冲击，附着在霓虹灯管两端电极上的稀有气体飞速碰撞，激发出了大量的加速电子并且互相碰撞，产生了气体的电离现象，这些能量就变成了光子的形式，也就是我们看到的五颜六色霓虹灯的真相。

第七节
昂贵的金属——金

金，是人类最早发现的金属之一，比铜、锡、铅、铁、锌都早。1964年，中国考古工作者在陕西省临潼区秦代栎阳宫遗址里发现八块战国时代的金饼，含金达99%以上，距今已有两千一百多年的历史。那么金为什么那么早就被发现了呢？它又具有哪些特性呢？

知识聚焦

金之所以很早被人们发现，主要是由于在大自然中金矿就是纯金（也有极少数是碲化金），再加上金子金光灿烂，很容易被人们找到。虽然说金的自然状态大都是游离状的纯金，但自然界中的纯金很少是真正纯净的，它们大都含金达99%以上，却总含有少量银，另外还含有微量的钯、铂、汞、铜、铅等。在自然界中，金常以颗粒状存在于沙砾中或以微粒状分散于岩石中。人们利用金与沙比重的悬殊，用水冲洗含金的沙，这就是"沙中淘金"。

俗话说"真金不怕火炼""烈火见真金"，这一方面是说明金的熔点较高，达1063℃，火不易烧熔它；另一方面也说明金的化学性质非常稳定，任凭火烧，即使变为熔融状态也不会氧化变色。金在自然界中长时间放置也不会锈蚀，古代的金器到现在已几千年了，仍是金光闪闪。

由于金的稀少、特殊和珍贵，自古以来被视为"五金"之首，有"金

美元与黄金

属之王"的称号,享有其他金属无法比拟的盛誉,其显赫的地位几乎永恒。目前,金主要应用在以下3个方面:

1.用作国际储备。由于黄金的优良特性,历史上黄金一直充当货币的职能,如价值尺度、流通手段、储藏手段、支付手段和世界货币。20世纪70年代以来,黄金与美元脱钩后,黄金的货币职能也有所减弱,但仍保持一定的货币职能。目前许多国家,包括西方主要国家国际储备中,黄金仍占有相当重要的地位。

2.用作珠宝装饰。华丽的黄金饰品一直是一个人的社会地位和财富的象征。

3.在工业与科学技术上的应用。金具备独一无二的完美性质:它具有极高的抗腐蚀和稳定性;良好的导电性和导热性;金的原子核具有较大捕获中子的有效截面;对红外线的反射能力接近100%;在金的合金中具有各种触媒性质;金还有良好的工艺性,极易加工成超薄金箔、微米金丝和金粉;金很容易镀到其他金属和陶器及玻璃的表面上,在一定压力下金容易被熔焊和锻焊;金可制成超导体与有机金等。正因为金有这么多的有益性质,使它有理由被广泛用于最重要的现代高新技术产业中去,如电子技术、通信技术、宇航技术、化工技术、医疗技术等。

💡 延伸阅读

古希腊国王叫工匠做了一顶纯金的王冠,做好后又疑心工匠在金冠里加入了其他金属,于是让阿基米德在不破坏王冠的条件下想法测定出皇冠是否掺了假。

阿基米德

阿基米德回家冥思苦想了几天，吃不下饭，睡不好觉。一天，他在洗澡的时候发现，当他的身体在浴盆里沉下去的时候，就有一部分水从浴盆边溢出来。"找到了！找到了！称量皇冠的办法找到了！"他跳出浴盆，欣喜地喊起来。

阿基米德立刻进宫，在国王面前将与皇冠一样重的一块金子、一块银子和皇冠分别放在水盆里，只见金块排出的水量比银块排出的水量少，而皇冠排出的水量比金块排出的水量多。阿基米德自信地对国王说："皇冠里掺了银子！因为金子的密度大，银子的密度小，因此同样重量的金子和银子，必然是银子体积大于金子体积，放入水中，金块排出的水量就比银块少。刚才的实验，皇冠排出的水量比金子多，说明皇冠的密度比金块的密度小，从而证明皇冠不是用纯金制造的。"

第八节
液态的金属——汞

早在春秋战国时期，我国就已经取得大量的汞。齐桓公在其墓中以汞为池，秦始皇在其陵墓中以汞为百川。此外，中国古代还把汞作为外科用药。1973年，长沙马王堆汉墓出土的帛书中有《五十二药方》，其中就有四个药方用了汞。那么汞究竟是个什么样的物品，具有哪些特性呢？

知识聚焦

汞是一种有毒的银白色重金属元素，单质汞是常温下唯一呈液体的金属，俗称水银。汞的性质对古人曾有过很强的吸引力，尤其是在炼金术方面，它曾扮演了一个非常重要的角色。

温度计中的水银

汞是地壳中相当稀少的一种元素，极少数的汞在自然中以纯金属的状态存在。朱砂（HgS）、氯硫汞矿、硫锑汞矿和其他一些与朱砂相连的矿物是汞最常见的矿藏。朱砂在流动的空气中加热后其中的汞可以还原，温度降低后汞凝结，这是生产汞的最主要的方式。

汞和汞盐都是危险的有毒物质。一般来说，微量的汞在人体内可经尿、粪和汗液等途径排出体外，不会有毒害作用；但如果数量过多，则会损害人体健康。

汞毒可分为金属汞、无机汞和有机汞三种。金属汞和无机汞损伤肝脏和肾脏，但一般不在身体内长时间停留而形成积累性中毒。有机汞如 $Hg(CH_3)_2$ 等不仅毒性高，能伤害大脑，而且比较稳定，可在人体内停留长达 70 天之久，所以即使剂量很少也可累积致毒。大多数汞化合物在污泥中微生物的作用下就可转化成 $Hg(CH_3)_2$。有机汞摄入体内后，98% 被吸收，不易排出，可随血液分布到各组织器官而逐渐累积，主要是脑组织和肝脏。

汞可以进入人体毛发，普通人头发中汞含量平均在 2.5ug/g 左右。据估计，如成人头发中汞含量达 50ug/g 或红细胞中汞含量为 0.4ug/g 时，即会发生中毒并出现神经、精神异常等症状。因此，毛发中的汞含量也可作为判断环境污染程度的一项指标。

汞很容易蒸发到空气中引起危害，空气流动时蒸发更多。汞的黏度小而流动性大，很容易碎成小汞珠，无孔不入地留存于工作台、地面等处的缝隙中，既难清除，又使表面面积增加而大量蒸发。

液态汞的内聚力很强，能溶解许多金属。在常态下，它很容易与硫和铜的单质化合并生成稳定化合物，因此，在实验室通常会用硫单质去处理撒漏的水银。当水银洒落时，要先关掉室内所有加热装置，打开窗户通风；然后戴上手套，用小铲子把水银收集起来深埋，或在上面撒些硫黄粉末，硫和汞反应能生成不易溶于水的硫化汞，危害会大大降低。由于气态的水银很容易被吸入呼吸道而引起中毒，所以，处理散落在地上的水银时最好戴上口罩。

延伸阅读

1956 年，日本水俣湾附近发现了一种奇怪的病。这种病症最初出现在猫身上，被称为"猫舞蹈症"。患病的猫步态不稳，会全身抽搐、麻痹，甚至跳海死去。

水俣病患者

之后不久，在当地居民中也发现了这种病症的人。患者由于脑中枢神经和末梢神经被侵害，轻者口齿不清、步履蹒跚、面部痴呆、手足麻痹、感觉障碍、视觉丧失、震颤、手足变形，重者精神失常，或酣睡，或兴奋，身体弯弓高叫，直至死亡。

这种当时病因不明的怪病就是日后轰动世界的"水俣病"，是由汞中毒引起的。工厂排放的含汞污水流入河流，进入食用水塘转成甲基汞等有机汞化合物，有机汞通过水塘食物链而进入鱼虾体内，当人类食用这些鱼虾时，甲基汞等有机汞化合物进入人体造成有机汞的累积，侵害人的脑部和身体其他部分，导致人死亡。

第九节
最早使用的金属——铜

铜是人类最早使用的金属，铜的使用对早期人类文明的进步影响深远。我们的祖先很早就掌握了炼铜的工艺，早在史前时代，人们就开始采掘露天铜矿，并用获取的铜制造武器及其他器皿。铜具有哪些特性？目前又有哪些方法炼铜呢？

📚 知识聚焦

纯铜呈浅玫瑰色或淡红色。铜的化学稳定性较强，易熔接，且抗蚀性、可塑性、延展性好。纯铜的导电性和导热性很高，仅次于银，但铜比银要便宜得多，因此铜在工业上主要用于电气工业中制作导线和电子零件。

但是纯铜是非常柔软的，并不能达到制作日常生活工具所要求的坚硬程度，很容易弯曲、变钝。在生产实践中，人们发现炼铜时加入锌、锡等金属能增加器物的硬度。假如把锡的硬度值定为5，那么铜的硬度就是30，而青铜的硬度则是100～150，而把锡掺到铜里可制成铜锡合金——青铜。

青铜由于坚硬、易熔，能很好地铸造成型，因而即使在青铜时代以后的铁器时代里，也没有丧失它的使用价值。殷墟王陵遗址出土的后母戊大方鼎高达133厘米，器口长79.2厘米，重量达875公斤。它是目前世界上发现的最大的青铜器，代表了中国古代青铜文化的最高水平，是中国青铜器文化中的瑰宝，现藏于中国国家博物馆。

后母戊鼎

把锌掺到铜里可制成铜锌合金——黄铜，它的外观与黄金极其相似，仅凭肉眼难于辨认。根据金和铜的性质不同，最简单的鉴别方法就是用火灼烧：黄铜灼烧即变黑，而真金不怕火炼，灼烧后仍然金光闪闪。

铜冶金技术的发展经历了漫长的过程，现在，铜的冶炼以火法冶炼和湿法冶炼为主。

火法冶炼一般是先将含铜百分之几或千分之几的原矿石，通过选矿提高到20%～30%，作为铜精矿，在密闭鼓风炉、反射炉、电炉或闪速炉进行造锍熔炼，产出的熔锍（冰铜）接着送入转炉吹炼成粗铜，再在另一种反射炉内经过氧化精炼脱杂，或铸成阳极板进行电解，获得品位高达99.9%的电解铜。除了铜精矿之外，废铜也可作为精炼铜的主要原料之一，包括旧废铜和新废铜，旧废铜来自旧设备和旧机器，废弃的楼房和地下管道；新废铜来自加工厂弃掉的铜屑（铜材的产出比为50%左右）。

湿法炼铜一般适用于低品位的氧化铜，生产出的精铜称为电积铜。现代湿法冶炼有硫酸化焙烧—浸出—电积、浸出—萃取—电积、细菌浸出等法，适用于低品位复杂矿、氧化铜矿、含铜废矿石的堆浸、槽浸选用或就地浸出。

与金相比，铜易生锈和被腐蚀。青铜器上铜绿就是铜与空气中的水和二氧化碳反应生成的铜锈。因此，保持铜制品的干燥可延长其使用寿命。

💡 延伸阅读

铜的化合物对人畜有害，但可用于农业生产杀菌消毒。它在工农业生产中有着重要的用途，其中最著名的就是波尔多液。

1882 年秋天，法国人米拉德氏在法国波尔多城附近发现各处葡萄树都受到病菌的侵害，只有公路两旁的几行葡萄树依然果实累累，没有遭到什么危害。他感到很奇怪，就去请教管理这些葡萄树的园工。

葡萄

原来园工把白色的石灰水和蓝色的硫酸铜溶液分别洒到路旁的葡萄树上，让它们在葡萄叶上留下白色的和蓝色的痕迹，使过路人看了以为是喷洒过了毒药，从而打消偷食葡萄的念头。

经过园工的启发，米拉德氏进行反复试验与研究，终于发明了这种几乎对所有植物病菌均有效力的杀菌剂。为了纪念在波尔多城所得到的启发，米拉德氏就把由硫酸铜、生石灰和水按比例 1：1：100 制成的溶液叫作"波尔多液"。

第十节
地球上最多的金属——铝

　　许多人常常以为铁是地壳中最多的金属，其实地壳中最多的金属是铝，其次才是铁。铝占整个地壳总重量的 7.45%，差不多比铁多一倍！铝虽然藏量比铁多，但是铝的化学性质比铁活泼，因此从矿石中冶炼铝也就比较困难。据《世界化学史》记载，金属铝是在 19 世纪 20 年代才被制得，因此铝一向被称为年轻的金属。那么铝是怎么制得的？它又有哪些用途呢？

知识聚焦

戴维

　　1807 年，英国化学家戴维把隐藏在明矾中的金属分离出来，用电解法发现了钾和钠，却没能够分解氧化铝。

　　1825 年，丹麦科学家奥斯特发表文章，他提炼出一块金属，颜色和光泽有点像锡。他将氯气通过红热的木炭和铝土（氧化铝）的混合物制得了氯化铝，然后让钾汞齐与氯化铝作用，得到了铝汞齐，之后又将铝汞齐中的汞在隔绝空气的情况下蒸发掉，就得到了一种金属。但是后来奥斯特又忙于自己的电磁现象研究，这个实验就被忽视了。

　　1827 年，德国化学家维勒用金属钾还原无水氯化铝而制得金属铝，这也是化学史上第一次制得真正的纯金属铝。

1854 年，法国人德维尔改进了制无水 $AlCl_3$ 的过程，并改用金属钠为还原剂，制得较大量并且较纯的金属铝。

铝是银白色的轻金属，在常温下为固体，熔点较低，具有良好的导热性、导电性和延展性。铝制品表面的铝能和空气中的氧反应生成一层薄薄的氧化膜——氧化铝。这层氧化铝非常致密，它紧紧地贴在铝的表面，可以防止里头的铝继续和氧化合。氧化铝能与酸、碱作用，但不怕水浸，不怕火烧，熔点高达 2050℃。

刚玉是天然结晶状态的氧化铝，其硬度仅次于金刚石，主要用于高级研磨材料、手表和精密机械的轴承材料。刚玉因含微量的杂质而呈现不同的颜色，人们把红色的刚玉称为红宝石，蓝色的刚玉称为蓝宝石，具有较高的鉴赏价值。

铝的用途广泛，是现代工业中不可缺少的金属材料。纯铝的导电性很好，又轻盈，人们常用它来代替铜制造电线，特别在远距离送电时，多用铝线来代替铜线，可以减少电线杆等设备。纯铝很软，为了提高铝制品的使用性能，人们常向

铝材

铝中加入少量的铜、镁、锰等，就会制成坚硬的铝合金——硬铝。

由于铝是热的良导体，所以很多炊具是铝制的。但用铝制炊具烹调时，在盐、水、醋和热的作用下，再加上铲子的搅动和摩擦，容易使铝元素进入食物中。

明矾中含有铝，净水剂、食物发酵剂、油条、粉丝制作过程中都会加入明矾。人们通过这些食物，吸收过多的铝元素积聚在肝、脾、

肾等部位，对消化道吸收钙、磷发生抑制作用，会引起骨痛和骨质疏松；铝沉积在大脑内，可能导致脑损伤，严重会造成记忆力丧失，引起老年痴呆症。因此，摄入过量的铝对人体有害。

延伸阅读

刚开始的时候，铝被认为是一种稀罕的贵金属，价格比黄金还贵，以至被列为稀有金属之一。当时人们用金属钠来制取铝，钠很贵，当然铝就更贵了。

在法国拿破仑三世统治时期，就曾发生过现在看来很好笑的一件事情。在一次高端的盛宴上，只有王室成员和贵族来客才能荣幸地用铝匙和铝叉用餐。法国国王为了让其他国王对自己产生羡慕和妒忌，他花了大量资金让他的卫士们穿上铝铠甲，因铝的价格接近黄金，实在太昂贵了，其他国王都无力为警卫配备这样的装备，就只有羡慕的份了。

第十一节
重要的合成材料——塑料

塑料是材料世界的核心之一，它的问世不仅给人们的生活带来了诸多方便，也极大地推动了工业的发展。像人离不开空气一样，现代生活已经离不开塑料。那么塑料最初又是由谁用什么方法制得的呢？

知识聚焦

1845 年，瑞士化学家塞恩伯正在紧张地做着化学实验，一不小心把桌上的浓硫酸和浓硝酸碰倒了。情急之中，他拿起妻子的布围裙擦拭桌上的混合酸，之后他将沾了混合酸的围裙放在火炉旁烤干。不料围裙却莫名其妙燃烧了起来，而且瞬间就烧了个殆尽，只剩下一地的灰烬。

塞恩伯

塞恩伯发现了这其中的价值，他在实验室中反复实验和探索，终于制造出可塑性极佳的硝化纤维。塞恩伯把这个消息告诉了自己的好朋友法拉第，但是并没有引起法拉第的注意。

19 世纪时，摄影师不能像今天这样购买现成的照相胶片和化学药品，必须经常自己制作需要的东西，所以每个摄影师同时也必须是一位化学家。

19 世纪 50 年代，摄影师亚历山大·帕克斯查看了处理胶棉的不同方法后，他试着把胶棉与樟脑混合。令他吃惊的是，两者混合后产生了一种可弯曲的硬材料，帕克斯称该物质为帕克辛，那便是最早的塑料。

1868 年，一个来自纽约名叫约翰·韦斯利·海亚特的印刷工改进了帕克辛的制造工序，并且给了帕克辛一个新名称——赛璐珞。他从台球制造商那里得到了一个现成的市场，不久后就用塑料制作出各种各样的产品。

1907 年 7 月 14 日，美籍比利时人贝克兰合成了酚醛塑料并注册了酚醛塑料的专利。1909 年 2 月 8 日，贝克兰在美国化学协会纽约分会的一次会议上公开了这种塑料，而酚醛塑料是世界上第一种完全合成的塑料，因此《时代》周刊将贝克兰称为"塑料之父"。

1920 年以后，塑料工业获得了迅速发展。塑料袋，这个被称为 20 世纪"最伟大"和"最糟糕"的发明也随之出现了。

用塑料袋包装食品携带十分方便，它能使需要水分的食品不干燥，需要干燥的食品不返潮。它还可以隔绝细菌、保持清洁。并且，专门用来装食品的安全无毒的塑料袋是用聚乙烯制成的。

制造聚乙烯的办法很多，其中最常用的一种是在 200℃～300℃ 高温和 1000～2000 个大气压强下，不掺杂其他物质将乙烯聚合制成。这样制成的聚乙烯密度低，质地柔软，对于阳光、空气、水分和化学试剂都具有较高的稳定性，无须添加稳定剂、增塑剂。而一般的塑料中添加的稳定剂和增塑剂多半是有毒或有剧毒的。

例如聚氯乙烯，它里面的增塑剂和一部分残存的氯乙烯都是有毒的；聚苯乙烯中的苯乙烯分子能够在油脂中溶解，对人体也是有害的；以甲醛为基本材料合成的塑料，在与水和其他含水液体、油脂等接触时，尤其是在温度升高时，甲醛会溶解进食品中去，这是一种很有害的化合物，长期过量摄取这样的食物会使人致死。

所以，除了标明是食品塑料袋或知道所用的塑料袋是由单纯的聚乙烯制成的，不要用任何其他塑料袋来盛放食品，尤其不能用装过农药或化工原料的塑料袋来装食品。

🔖延伸阅读

塑料在给人们的生活带来方便的同时，也给环境带来了难以收拾的后患。

塑料一旦生产出来就很难自然降解，埋在地下 200 年也不会腐烂降解，大量的塑料废弃物填埋在地下，会破坏土壤的通透性，使土壤

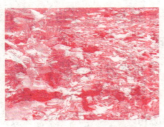

废弃的塑料袋

板结，影响植物的生长。如果家畜误食了混入饲料或残留在野外的塑料，也会造成因消化道梗阻而死亡。所以废弃塑料的处理至今仍是环保工作中令人头疼的一大难题，人们把塑料给环境带来的灾难称为"白色污染"。

但是，如果一个世界没有塑料，人们包装物品就会用木头、陶罐或纸板等材料，这将使包装物总量增加 3.6 倍，在生产中会耗费更多的能量，同时将产生比过去高 2.7 倍的温室气体。

第十二节
新型燃料——可燃冰

可燃冰学名天然气水合物，也称作甲烷水合物、甲烷冰。最初人们认为它只有在太阳系外围那些低温、常出现冰的区域才可能出现，但后来发现在地球上许多海洋底的沉积物底下，甚至地球大陆上的永冻土中也有可燃冰的存在，其蕴藏量也较为丰富。那么，可燃冰最早是怎么被发现的呢？可燃冰又有何用途呢？

知识聚焦

1934 年，苏联某公司在查看被堵塞的天然气输气管道时，发现"罪魁祸首"是一块冰一样的物体，经过化验发现，这冰一样的物体是天然气水合物。这一发现引起了苏联人的重视。

1965 年，苏联首次在西西伯利亚永久冻土带发现天然气水合物矿藏，并引起多国科学家的注意。1970 年，苏联开始对该天然气水合物矿床进行商业开采。

1970 年，国际深海钻探计划（DSDP）在美国东部大陆边缘的布莱克海台实施深海钻探，在海底沉积物采取过程中，发现冰冷的沉积物岩心"嘶嘶"地冒着气泡，并达数小时。当时的海洋地质学家非常不解，后来才知道，气泡是天然气水合物分解引起的，他们在海底取到的沉积物其实含有天然气水合物。

1971 年，美国学者 Stoll 等人在深海钻探岩心中首次发现海洋天然气水合物，并正式提出"天然气水合物"的概念。

纯净的天然气水合物外观呈白色，形似冰雪，可以像固体酒精一样直接点燃，因此人们形象地称其为可燃冰。目前的科研考察结果表明，它仅存在于海底或陆地冻土带内。

目前地球上可供人类开采的石油、煤炭等能源正在不断减少，许多国家正在寻找新的替代能源，可燃冰的发现立即引起人们的关注。可燃冰资源量巨大，据保守估算，世界上可燃冰所含的有机碳的总资源量，相当于全球已知煤、石油和天然气总量的 2 倍。

可燃冰

可燃冰的主要成分是甲烷，燃烧后几乎没有污染，是一种绿色的新型能源。从其储量之大、分布范围之广和应用前景之好来看，它是石油、天然气、煤等传统能源之后最佳的接替能源。

有关研究成果表明，可燃冰形成的必要条件是低温和高压，因而它主要存在于冻土层和海底大陆坡中。人们采集可燃冰的实物样品十分困难，不仅需要高投资，还需要先进的技术和设备。

目前，美国、日本等发达国家将可燃冰勘探和开发提高到能源安全的战略高度，予以重视，投入巨资进行前期调查和研究，并将利用该能源的时间表定在了 2015 年。起步较早的美国、俄罗斯等国家已经进入可燃冰的初级开发阶段。

2007 年 5 月，我国在南海北部海域首次实施钻探，成功获取可燃冰实物样品，使我国可燃冰的调查研究水平一举步入世界先进行列，同时也让世界增加了对可燃冰的开发利用研究的信心，人类想要利用这种新能源的愿望即将实现。

可燃冰成为新型可用能源的目标，人类正离它越来越近。

延伸阅读

可燃冰在给人类带来新的能源前景的同时，对人类生存环境也提出了严峻的挑战。

可燃冰中的甲烷，其温室效应为 CO_2 的 20 倍，温室效应造成的异常气候和海面上升正威胁着人类的生存。

全球海底可燃冰中的甲烷总量约为地球大气中甲烷总量的 3000 倍，若有不慎，让海底可燃冰中的甲烷气逃逸到大气中去，将产

燃烧的可燃冰

生无法想象的后果。而且固结在海底沉积物中的可燃冰，一旦条件变化使甲烷气从中释出，还会改变沉积物的物理性质，极大地降低海底沉积物的工程力学特性，使海底软化，出现大规模的海底滑坡，毁坏海底工程设施，如海底输电或通讯电缆和海洋石油钻井平台等。

第二章

物质结构的奥秘

 主题引言

　　大千世界都是由物质组成的,从大自然的树木、花草、鸟兽,到岩石、高山、大海,从地球上的万物到茫茫宇宙中的太阳、月亮等星球都是物质。化学就是研究物质及其变化的学科,它不仅要研究自然界已经存在的物质及其变化,还要根据需要研究和创造不存在的新物质。

第一节
原　子

　　原子是构成物质的微粒之一。这是一种什么样的微粒？它是由人们臆想出来的还是客观存在的呢？哪些物质是由原子构成的呢？你心中一定有许许多多疑问，看了下面的故事，你的疑问就会慢慢解开了。

知识聚焦

　　古代关于原子的概念的理解是从哲学的角度进行推测和猜想的，最早可以追溯到公元前 6 世纪的古印度，当时人们认为构成物质时，原子首先成对，然后再结合就构成了物质。古希腊科学家德谟克利特提出原子的概念，认为一切物质都是由不可分割的小微粒——原子构成，但缺乏科学实验的验证。在公元前 4 世纪左右，中国哲学家墨翟在其著作《墨经》中也提出了"物质有限可分"的概念，并将最小的可分单位称之为"端"。

　　尽管印度、希腊和中国的原子观仅仅是基于哲学上的理解，但现代科学界仍然沿用了由德谟克利特所创造的名称，古希腊语中的原子是不可分割的意思。

　　经过 20 多个世纪的探索，科学家在近几个世纪通过实验，证实了原子的真实存在。1661 年，自然哲学家罗伯特·波义耳认为物质是由不同的"微粒"或原子自由组合构成的，而并不是由诸如气、土、火、水等基本元素构成。因此，波义耳是最早把化学确立为科学的化学家。

1789 年，法国化学家拉瓦锡定义了"原子"一词。从此，原子就用来表示化学变化中的最小的单位，原子理论也得到了发展。

一、道尔顿原子模型——理论模型

19 世纪初，英国化学家约翰·道尔顿在进一步总结前人经验的基础上，提出了具有近代意义的原子学说，他将古希腊思辨的原子论改造成定量的化学理论，提出了世界上第一个原子的理论模型。他的理论主要有以下四点：

1. 所有物质都是由非常微小的、不可再分的物质微粒即原子组成。

2. 同种元素的原子的各种性质和质量都相同，不同元素的原子主要表现为质量的不同。

道尔顿原子模型——理论模型

3. 原子是微小的、不可再分的实心球体。

4. 原子是参加化学变化的最小单位。在化学反应中，原子仅仅是重新排列，而不会被创造或者消失。

后来经过科学实验证实，虽然这是一个失败的理论模型，但道尔顿第一次将原子从哲学带入化学研究中，明确了今后化学家们努力的方向，化学真正从古老的炼金术中摆脱出来，道尔顿也因此被后人誉为"近代化学之父"。

二、汤姆生原子模型——枣核模型

1897 年，英国物理学家约瑟夫·汤姆生在发现电子的基础上提出了原子的葡萄干布丁模型（也称枣核模型），他的原子理论主要有以下两点：

1. 正电荷像流体一样均匀地分布在原子中，电子就像葡萄干一样散布在正电荷中，它们的负电荷与那些正电荷相互抵消。

2. 在受到激发时，电子会离开原子，产生阴极射线。

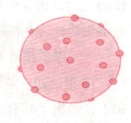

汤姆生原子模型——枣核模型

三、卢瑟福原子模型——行星模型

欧内斯特·卢瑟福是汤姆生的学生，他根据α粒子轰击金箔实验（散射实验），否认了原子的葡萄干布丁模型。欧内斯特·卢瑟福以经典电磁学为理论基础，提出了原子的行星模型，其主要内容有：

卢瑟福原子模型——行星模型

1. 原子的大部分体积是空的。

2. 在原子的中心有一个体积很小、密度极大的原子核。

3. 原子的全部正电荷在原子核内，且几乎全部质量均集中在原子核内部，带负电的电子在核空间进行高速的绕核运动。

四、玻尔原子模型——行星模型

为了解释氢原子线状光谱这一事实，欧内斯特·卢瑟福的学生尼尔斯·玻尔接受了普朗克的量子论和爱因斯坦的光子概念，在行星模型的基础上提出了核外电子分层排布的原子结构模型。玻尔的原子结构模型的主要内容有：

1.原子中的电子在具有确定半径的圆周轨道上绕原子核运动，不辐射能量，当电子从一个轨道跃迁到另一个轨道时，才会辐射或吸收能量。

2.在不同轨道上运动的电子具有不同的能量，且能量是量子化的，轨道能量值随量子数 n（1，2，3……）的增大而升高，不同的轨道则分别被命名为 K（n=1）、L（n=2）、M（n=3）、N（n=4）、O（n=5）、P（n=6）、Q（n=7）。

尼尔斯·玻尔的原子模型很好地解释了氢原子的线状光谱，对于更加复杂的光谱现象却无能为力。

很快德国在这个领域也有了全新的进展，化学家柯塞尔在经过了长时间的观察后，确定了原子的稳定结构模型，他认为任何元素的原子，如果想要保持稳定就必须保持最外层满足 8 个电子。

他的同胞物理学家卢瑟福在进行其他实验的时候，却无意中在这个领域得到了进展。卢瑟福发现了质子的存在，但最初他使用 α 粒子（氦原子核）轰击氮原子的时候，可没想到自己会"砸碎"了这个小"宇宙"。

就这样经过了无数代科学家和全世界最智慧的人士的共同努力，原子理论开始得到了长足的发展和解读。

延伸阅读

近年来，物理学家德布罗意、薛定谔和海森堡等人经过 13 年的艰苦论证，在尼尔斯·玻尔原子模型的基础上提出了近代原子结构量子力学模型。

原子的量子力学模型很好地解释了许多复杂的光谱现象，其核心是波动力学。至此人们对原子结构有了较为全面的认识：原子尽管很小，用化学方法不能再分，但用其他方法仍然可以再分；原子是由中心的带正电的原子核和核外带负电的电子构成的，原子核是由质子和中子两种粒子构成的，电子在核外较大空间内做高速运动，电子、质子、中子统称为亚原子粒子。几乎所有原子都含有上述三种亚原子粒子，但氕（氢的同位素）没有中子，其离子（失去电子后）只是一个质子。

随着人类认识的进步，原子逐渐从抽象的概念成为科学的理论。随着科学的发展和人们认识的不断深入，人们对原子的认识将会更进一步。

第二节
分 子

分子和原子一样，也是构成物质的一种微粒。原子是比分子更基本的物质构成单位，按照人们认识事物的常规顺序，应该是先发现分子，然后再发现原子，然而科学发现的历史正好相反，分子理论是在人们正确认识原子的基础上建立起来的。

 知识聚焦

1803 年，约翰·道尔顿创立了近代的科学原子理论，成功地解释了气体扩散现象、气体分压定律，并且第一次提出原子最重要的特征——原子量。然而，道尔顿的原子论很快遇到了问题。

法国物理学家和化学家盖·吕萨克通过大量实验发现，各种气体在化合时体积皆为简单的整数比，并且如果生成物也是气体时，他们的体积和生成物的体积也为整数比。由此，盖·吕萨克认为：各种气体在彼此起作用时常以最简单的体积比互相结合。进一步思考后，

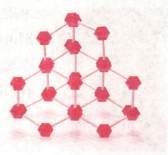

分子模型

他在约翰·道尔顿原子论的基础上提出了一个新的理论：在同样温度和同样的压强下，相同体积的不同气体含有相同数目的原子。

但是，一些实验又与这个假说明显相矛盾。例如，对于氢气和氯气化合的反应来说，如果认为在同样条件下同样体积的气体含有相同数目的原子，那么1个体积的氢和1个体积的氯应只生成1个体积的氯化氢，而实验结果是生成了2个体积的氯化氢；1个体积的氮和3个体积的氢化合生成了2个体积的氨。按照盖·吕萨克假说的解释，则在第1个实验中，每个氯化氢原子只含有半个氯原子和半个氢原子，而在第2个实验中，每个氨原子则含有半个氮原子和$\frac{2}{3}$个氢原子。

显然，盖·吕萨克假说与约翰·道尔顿"在化学变化中原子不可分"的基本假说是矛盾的。因此，盖·吕萨克的理论遭到了约翰·道尔顿本人的拒绝和反对，他不仅怀疑盖·吕萨克的实验基础和理论分析，还对他进行了严厉的抨击。

究竟是约翰·道尔顿的原子论错了，还是盖·吕萨克的实验结果错了？面对困境，意大利物理学家阿伏伽德罗经过研究认为，在物质结构的层次中，原子之上还有一个分子。阿伏伽德罗认为约翰·道尔顿和盖·吕萨克的错误和问题就出在他们没有认识到分子的存在，而将原子和分子混为一谈了。

阿伏伽德罗指出，分子是具有一定特性的物质的最小组成单元，

阿伏伽德罗

单质分子由相同元素的原子组成，化合物的分子则由不同元素的原子组成。他修改了盖·吕萨克理论，指出在相同条件下，同体积的气体不是含有相同数目的原子，而是含有相同数目的分子。他认为，只要假定气体的最小粒子不是简单的原子，而是由一定数目的这些原子结合成的分子，上述矛盾就不存在了。

由此，阿伏伽德罗提出了分子的概念，建立了物理学和化学中的分子理论。例如，只要认为氢气、氯气、氮气都是含有两个原子的分子，在化合时这些分子分裂开来以整数个原子参加化合反应，就可以合理地解释前面提到的实验。氢气和氯气化合反应以及氢气和氮气化合反应的化学方程式为：

$$H_2 + Cl_2 = 2HCl$$
$$N_2 + 3H_2 = 2NH_3$$

阿伏伽德罗的分子理论使盖·吕萨克理论和约翰·道尔顿的原子论完善地统一起来了。

但是，由于阿伏伽德罗的分子理论认为同种元素的原子结合成分子的观点受到约翰·道尔顿和贝采里乌斯的反对，当时原子论的支持者都不希望原子论复杂化，所以分子理论一直没有被人们接受，被冷落了近半个世纪。

拒绝阿伏伽德罗的分子理论使得科学家们在实验中遇到的困难越来越多，特别是在原子量的测量方面呈现着一片混乱状态，以至于有人怀疑原子量到底能否测量。

1865 年，奥地利物理学家洛希密脱计算出在标准状况下每摩尔气体含有的分子数为 $N_A = 6.02 \times 10^{23}$，即现在被称为阿伏伽德罗常数的数字。这一数字的巨大，使得人们又对这一推算的基础——阿伏伽德罗的分子理论产生怀疑。但是，坚持分子理论的物理学家们和化学家们则在不懈地努力着，以便拿出更有力的证据。

化学分子式

阿伏伽德罗的分子理论被确立的标志是阿伏伽德罗常数的精确测定。1905 年，爱因斯坦在分析布朗运动时认为花粉不停地无规则运动是由分子运动造成的，并推出公式计算阿伏伽德罗常数的方法。

1908 年，法国物理学家佩兰也仔细研究了布朗运动，并用精辟的分析证实了分子运动的存在，证实了爱因斯坦公式的可靠性，证实了洛希密脱对 N_A 推算的正确性，他通过实验数据求得 $N_A = 6.85 \times 10^{23}$。佩兰的实验和理论研究，为阿伏伽德罗分子理论提供了有力的证据，为此佩兰获得了 1926 年诺贝尔物理学奖。

1936 年到 1940 年间，人们应用公式 $F = N_A e$（F 为法拉第常数，e 为电子电量），7 次测量得 $N_A = (6.030 - 6.027) \times 10^{23}$。美国国家标准局用 X 射线 / 光学干涉仪测定硅单晶晶格间距，然后用布拉格公式推算出 N_A 的精确值：1974 年得到 $N_A = 6.0220943 \times 10^{23}$；1976 年得到 $N_A = 6.0220978 \times 10^{23}$。

从阿伏伽德罗分子理论的提出到阿伏伽德罗常数的精确测定，经历了一个多世纪的漫长时间。这一漫长的过程启示我们科学理论的提出必须以实验的积累为基础，而且要经过新的实验的进一步验证。实验是检验一个理论是否正确的唯一和最终标准。

💡延伸阅读

高分子又称高分子聚合物，是由分子量很大的长链分子所组成，高分子的分子量从几千到几十万甚至几百万。

高分子的分类有多种，按来源可分为天然高分子、天然高分子衍生物、合成高分子三大类；根据用途则可分为合成树脂和塑料、合成橡胶、合成纤维等；按热行为可分为热塑性和热固性聚合物；按主链结构可分为碳链、杂链和元素有机三类；另外根据工业产量和价格还可分为通用高分子、中间高分子、工程塑料以及特种高分子等等。

高分子与低分子化合物相比较，分子量非常高。由于这一突出特点，聚合物显示出了特有的性能，表现为"三高一低一无"，即高分子量、高弹性、高黏度、结晶度低、无气态。因此，这些特点也赋予了高分子材料（如复合材料、橡胶等）高强度、高韧性、高弹性等特点。

第三节
离　子

与原子、分子一样，离子也是构成物质的一种微粒，由离子构成的物质有很多特殊的性质。什么是离子？离子构成的物质有什么特性？这还得从离子的结构说起。

知识聚焦

离子是指原子由于自身或外界的作用而失去或得到一个或几个电子使其达到最外层电子数为 8 个（如第一层是最外层，则为 2 个，若是氢离子，则没有外层电子）的稳定结构。

在化学反应中，活泼的电中性的原子会得到或者失去电子而成为离子。

金属元素，如钾、钙等最外层电子数小于 4 的原子较易失去电子趋向达到相对稳定的结构。当原子失去一个或几个电子时，质子数大于核外电子数，且质子数等于核外电子数和所带电荷数之和，从而带正电荷，称为阳离子。

非金属元素，如氯、氧等最外层电子数大于 4 的原子则较易获得电子趋向达到相对稳定的结构，当原子得到一个或几个电子时，质子数小于核外电子数，且质子数等于核外电子数减去所带电荷数，从而带负电荷，称为阴离子或负离子。

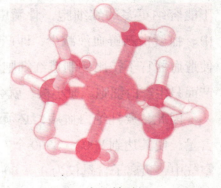

离子模型

我们常称的负离子是指空气负离子，负离子是空气中一种带负电荷的气体离子。空气中负离子的多少，受地理条件特殊性影响而含量不同。1899 年，德国科学家发现空气负离子的存在；1902 年，德国科学家又肯定了空气负离子存在的生物意义；1932 年，美国科学家首次把负离子用在医疗上。目前，国际上很多行业都在开发和应用负离子。

负离子能改善肺的换气功能，促进血液微循环和新陈代谢，改善人体小环境，提高人体免疫力；能使大脑皮层的抑制作用加强，调整大脑皮层功能；能使支气管平滑肌松弛，解除其痉挛；能使红细胞沉降率变慢，凝血时间延长；能使肾、肝、脑等组织的氧化作用加强；对肿瘤细胞有抑制作用，并能提高机体对放射性物质及电磁辐射的抵抗力。因此，其对高血压、流感、失眠、关节炎、风湿、烧伤等有一定的治疗作用；对预防佝偻病、坏血病的发展有利，并有护肤养颜，延年益寿之功效。

人体的血液由红细胞、白细胞、血小板构成，其中红细胞是带负电的。要保持身体健康，人们必须向血液中输送足够的氧气及负离子，氧气维持细胞的代谢，负离子使负电转送给红细胞。大量带负电的红细胞在血液中相互排斥，能降低血液的黏稠度，增加血液的输氧量。

如果一个人不能吸收到足量的负离子，血液黏稠度增加，血液就不能容纳更多的红细胞，骨髓中制造好的红细胞就不能进入到血液中，血管中新鲜血液减少，即产生贫血病。长时间处在此环境中，致使造血器官不按比例制造红细胞、白细胞、血小板，停止红细胞的生产而只生产白细胞、血小板，就会出现白细胞增多即得白血病。

因此，要杜绝白血病，必须改善空气质量，增加空气中负离子的含量，使其达到 800 ～ 3500 个 / 立方米。目前，我国城市居民室内的空气中，负离子含量仅为 0 ～ 800 个 / 立方米，因此，近几年白血病患者迅猛增加。

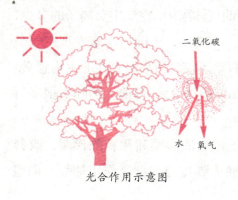

二氧化碳

水　氧气

光合作用示意图

空气是大自然馈赠给人类的礼物，绿色植物能净化空气，减少空气污染。绿色植物在进行光合作用时释放氧气，同时也产生负离子；山林树冠植物叶尖放电现象也会产生负离子；雷电时产生大量的负离子；飓风、瀑布、海浪在冲击作用下也会产生较多的负离子。负离子浓度越高，空气中的有害气体就越少。高质量的空气加上充足的氧气，所以绿色植物丰富的地方空气格外清新。

延伸阅读

离子液体是指全部由离子组成的液体，如高温下的 KCl, KOH 呈液体状态，此时它们就是离子液体。在室温或与室温接近的温度下呈液态的由离子构成的物质，称为室温离子液体、室温熔融盐、有机离子液体等，目前尚无统一的名称，但倾向于简称离子液体。

与传统有机溶剂和电解质相比时，离子液体具有一系列的优点：

1. 具有很高的热稳定性和化学稳定性。在低于或接近室温到 300℃以上都呈液体状态。

2. 蒸汽压非常小，不易挥发。在使用、储藏中不会蒸发散失，可以循环使用，消除了挥发性有机化合物环境污染问题。

3. 电导率高，电化学窗口大，可作为许多物质电化学研究的电解液。

4. 通过阴阳离子的设计可调节其对无机物、水、有机物及聚合物的溶解性，并且其酸度可调至超酸。

5. 具有较大的极性可调控性，黏度低，密度大，可以形成二相或多相体系，适合用作分离溶剂或构成反应—分离耦合新体系。

6. 对大量无机物和有机物质都表现出良好的溶解能力，且具有溶剂和催化剂的双重功能，可以作为许多化学反应溶剂或催化活性载体。

第四节
死亡元素——氟的发现

　　自然界的万物都是由 100 多种元素组成的。金、银、铜、铁是其中较早被发现的元素。到 18 世纪前，已被发现的元素有 28 种，随着技术的进步，越来越多的元素相继被发现。在化学元素史上，参加人数最多、危险最大、工作最难的研究课题，莫过于氟元素的发现和氟的制取。氟的发现和制取究竟经历了怎样的曲折呢？

知识聚焦

　　1768 年，马格拉夫发现萤石与石膏、重晶石不同，因此他判断它不是硫酸盐。

　　1771 年，化学家舍勒用曲颈瓶加热萤石和硫酸的混合物，发现玻璃瓶内壁被腐蚀。

　　1810 年，法国物理学家、化学家安培，根据氢氟酸的性质指出其中可能含有一种与氯相似的元素。化学家戴维也得出同样的看法。

　　1813 年，戴维用电解氟化物的方法制取单质氟，但用金和铂做容器都被腐蚀了。后来改用萤石做容器，腐蚀问题虽解决了，但仍然得不到氟，他则因患病而停止了实验。

　　接着爱尔兰的乔治·诺克斯和托马斯·诺克斯两兄弟先用干燥的氯气处理干燥的氟化汞，然后把一片金箔放在玻璃接收瓶顶部，虽然反应产生了氟，但未得到氟。在实验中，诺克斯兄弟二人都严重中毒。

继诺克斯兄弟之后，鲁耶特对氟做了长期的研究，最后因中毒太深而献出了生命。法国化学家尼克雷也是同样的命运。

弗雷米是法国研究氟的化学家，曾电解无水的氟化钙、氟化钾和氟化银，虽然阴极能析出金属，阳极上也产生了少量的气体，但始终未能收集到气体。英国化学家哥尔也用电解法分解氟化氢，他以碳、金、钯、铂做电极，但在电解时碳被粉碎，金、钯、铂被腐蚀。

这么多化学家的努力，虽然都没有制得单质氟，但他们的经验和教训都是极为宝贵的，为后来制取氟创造了有利条件。

1872年，莫瓦桑在研究氟化物的化学家弗雷米教授的手下当学生，开始了他的氟的研究之路。

为了制取氟，莫瓦桑进行了一连串的实验，但都没有达到目的。经过长时间的探索，他终于决定在冷却的条件下电解氟化砷来制取氟。可是在反应开始几分钟后，阴极表面覆盖了一层电解析出的砷，于是电流中断了。他

莫瓦桑在实验

关掉了联通电解装置的电源，随即倒在沙发椅上。原来，莫瓦桑的心脏病发作了，他感到呼吸困难，面色发黄，眼睛周围出现了黑圈。莫瓦桑知道这是砷在起作用，只好放弃了这个方案。

不久之后，莫瓦桑在低温下电解氟化氢制氟的实验中，惊奇地发现U形管阳极一端的塞子上覆盖着一层白色粉末状的物质，原来塞子被腐蚀了，分解出来的氟和玻璃发生反应了。

这一发现使莫瓦桑受到了极大的鼓舞。他把装置上的玻璃零件都换成不能与氟发生反应的材料——萤石，他把盛有液体氢和氟化钾的

混合物的 U 形铂管浸入制冷剂中，以铂铱合金做电极，用萤石制的螺旋帽盖紧管口，管外用氯化甲烷做冷冻剂，使温度控制在 –23℃，进行电解，终于在 1886 年第一次制得单质氟。

莫瓦桑的成就经过著名化学家的审查，认为是无可争论的。20 年以后，他又因研究氟的制备和氟的化合物上的显著成就，获得了 1906 年的诺贝尔化学奖。

由此可见，科学研究的道路并不是一帆风顺的，某项研究常常需要几代人的努力，甚至许多人为之献出宝贵的生命。这一史实说明，在人们对客观事物的认识过程中，如果逐渐掌握了它们的一些规律后，就能更快、更清楚地认识它们。

延伸阅读

氟是人体内重要的微量元素之一，氟化物是以氟离子的形式，广泛分布于自然界。氟是牙齿及骨骼不可缺少的成分，少量氟可以促进牙齿珐琅质对细菌酸性腐蚀的抵抗力，防止龋齿。为了防治龋齿，氟化物开始出现在饮用水、牙膏及各种食品饮料中。

但是，让科学家始料不及的是，氟很快表现出了两面性：龋齿患者越来越少，氟斑牙患者却越来越多。

氟斑牙只是氟化物对人们的一次警告，更可怕的是长期摄入高剂量的氟化物，可能导致癌症、神经疾病以及内分泌系统功能失常。因此，专家提醒使用含氟牙膏的量一定要小，一般每次不超过 1 克，牙膏占到牙刷头的五分之一到四分之一就可以了，无须挤满牙刷头。由于儿童使用牙刷还不熟练，有可能误食含氟牙膏，危害身体健康。因此，专家建议儿童不要使用含氟牙膏。

氟化物究竟对人体还有哪些影响以及如何科学地使用氟化物，这些都是科学家们必须面对的新问题。

第五节
氢及同位素

元素周期表中目前已经发现的元素有 118 种，但自然界存在的原子种类远远超过这个数值。这是怎么回事呢？

在元素周期表中，位置相同的元素的微粒不止一种。如果某种微粒与某元素有相同的质子数，但中子数不同，这样的微粒称为该元素的核素，同一元素不同的核素互称为同位素。所有的元素都有放射性同位素，大多数的天然元素都是由几种同位素组成的混合物。下面我们以氢元素为例来了解它的几种同位素。

知识聚焦

氢有三种同位素，分别称为氕（piē）、氘（dāo）、氚（chuān）。

氕是氢最主要的稳定形态同位素，原子核内有一个质子，没有中子，这样的微粒通常称为氢原子，元素符号为 H。它是宇宙中最多的元素，在地球上的含量仅次于氧，主要分布于水及各种碳氢化合物中。在常温下，氕是无色无臭的气体，气体中它的导热系数最大。氕微溶于水和有机溶剂，易溶于金属钯中；在高温下，它能透过钢等材料。氕的制法主要是贫气水电解和液氢精馏。用天然水电解、甲烷裂解和水煤气法等制取的氢主要成分也是气。

氘是氢的另一种稳定形态同位素，它的原子核内有一个质子和一个中子，也称为重氢，元素符号一般为 D 或 ^{2}H。在大自然中，氘的含量约为一般氢的 $\frac{1}{7000}$，常用于热核反应。重氢在常温常压下为无色无臭无毒可燃性气体，它的化学性质与普通氢完全相同，但因质量比普通氢大，反应速度要慢一些。

氚是氢元素的一种放射性同位素，它的原子核内有一个质子和两个中子，也称为超重氢，元素符号记为 T 或 ^{3}H。氚在自然界中存在极微量，主要用于热核反应。自然界的氚是宇宙射线与上层大气间作用通过核反应生成的。

1939 年，美国阿耳瓦雷等证明氚有放射性，氚会发射 β 射线而衰变成氦 3（^{3}H→^{3}He ＋ e）。由于氚的 β 衰变只会放出高速移动的电子，不会穿透人体，因此，只有大量吸入氚才会对人体有害。氚主要用于热核武器、科学研究中的标记化合物、制作发光氚管，另外也可能成为热核聚变反应的原料。

各种元素同位素的发现，使人们对原子结构的认识更深一步，它不仅让元素的概念有了新的含义，而且使相对原子质量的基准也发生了重大的变革，再一次证明了决定元素化学性质的是质子数（核电荷数），而不是原子质量数。

随着对同位素研究的不断深入和掌握，同位素及其他技术在许多部门得到应用，并取得了明显的经济效益和社会效益。

💡延伸阅读

同位素有许多重要的用途。例如，碳12是作为确定原子量标准的原子；氢的两种同位素（氘和氚）是制造氢弹的材料；铀235是制造原子弹的材料和核反应堆的原料。

除此之外，同位素示踪法也被广泛应用于科学研究（如国防）、工农业生产和医疗技术方面。

农业方面，采用辐射方法或辐射和其他方法相结合，培育出农作物优良品种，使粮食、棉花、大豆等农作物都获得了较大的增产；利用同位素示踪技术研究农药和化肥的合理使用及土壤的改良等。

医学方面，全国有上千家医疗单位在临床上已建立了100多项同位素治疗方法，包括体外照射治疗和体内药物照射治疗；同位素在免疫学、分子生物学、遗传工程研究和发展基础核医学中也发挥了重要作用。

第六节
反物质和反粒子

我们如果从微观的角度去分析自然界的宏观物体，它们都是由质子、中子和电子组成的，这些粒子被称为基本粒子。那基本粒子是不是只有这三种？科学家们一直在探寻微观粒子世界的奥秘。

知识聚焦

20世纪30年代初，科学家发现了带正电的电子；20世纪50年代，随着反质子和反中子的发现，人们开始明确地意识到任何基本粒子都在自然界中有相应的反粒子存在。

1932年，美国科学家安德森发现了一种特殊的粒子，它的质量和带电量同电子一样，只是它带的是正电，而电子带的是负电。因此，人们称它为正电子。

正电子的发现引起了科学界的轰动，它是偶然的出现还是普遍存在的？如果是普遍存在的，其他粒子是不是都有反粒子？带着这个疑问，科学家们于1955年在美国的实验室中找到了反质子，后来又发现了反中子。到20世纪60年代，基本粒子中的反粒子差不多全被人们找到了。一个反物质的世界渐渐被科学家像考古般地"挖掘"了出来。

从粒子物理的角度讲，正粒子和反粒子的性质几乎完全对称，反物质就是正常物质的镜像，正常原子由带正电荷的原子核构成，核外则是带负电荷的电子。但是，反物质的构成却完全相反，它们拥有带正电荷的电子和带负电荷的原子核。从根本上说，反物质就是物质的一种倒转的表现形式。

物质与反物质

科学家认为，宇宙诞生之初，曾经产生了等量的物质与反物质，后来由于某种原因，大部分反物质转化为物质，再加上有的反物质难于被观测，所以我们认为世界是由物质组成。然而地球上很难发现反物质，一种假说认为，物质与反物质碰到一起，就像水遇上火一样，或者发生爆炸而消失，或者转变为其他粒子，所以地球上反物质一旦碰上其他物质就会湮灭。

反物质的发现，使人们自然地联想起了 20 世纪的许多不解之谜，最著名的是被称为"世纪巨谜"的通古斯大爆炸。

1908 年 6 月 30 日凌晨，俄国西伯利亚通古斯地区的泰加森林里，随着一道白光闪过和一声天崩地裂般的巨响，一片沉睡的原始森林顷刻化为灰烬。大火吞没了数百公里之内的城镇和生命，融化了冰层和冻土，引发山洪暴发、江河泛滥，仿佛世界末日到了。这次爆炸的威力相当于上百颗氢弹一起爆炸！通古斯大爆炸震惊了全世界，通古斯也一夜之间名扬全球。

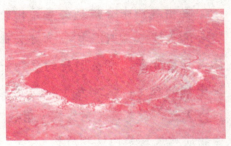

通古斯爆炸大坑

1921 年，苏联派出研究小组第一次前去考察，后来世界上其他国家相继派团考察，但通古斯大爆炸之谜至今依然众说纷纭，其中一种说法便认为是反物质引起的湮灭现象。因为这种能级的爆炸除非是流星或陨石坠落，否则无法解释，而那里没有任何陨石碎块。

为彻底揭开宇宙反物质之谜，前面还有漫长的路要走。人们已能预料，反物质的发现及深入研究将改变人们对宇宙的认识，同时对化学和物理学理论也将产生深刻的影响。

💡延伸阅读

粒子实验已证实，正反粒子的强作用和电磁作用性质完全一样，因此反质子和反中子也能结合成带负电的反原子核，反原子核和反电子结合在一起就能组成反原子。我们的正物质世界有多少种原子，相应在反物质世界中也能有多少种反原子，而且它们在结构上将是完全没有区别的，延伸起来讲，大量反原子可以构成反物质的恒星和星系。

如果宇宙中正反物质为等量，那么这样的反恒星和反星系就应当存在。因此这给天文学家提出了一个深刻的问题：天上有反恒星和反星系吗？

要由观测来分辨远处星系由物质构成还是反物质构成并不容易，至今的天文观测只是接收远处天体所放出的光子。原则上，正物质天体若辐射光子，那么同样的反物质天体应当辐射反光子。但是光子是纯中性的粒子，因此光子与反光子是同一种粒子。这样，天文学家通过可见光、射电、X 射线或 γ 射线观测，原则上无法区分他的目的物是由物质构成还是由反物质构成。

恒星和星系除了辐射光子外，它们还辐射中微子。中微子与反中微子很不一样，如果天文学家能接收中微子，那么就能区分物质天体与反物质天体。可惜中微子与任何物质的相互作用都很微弱，造一个能接收它们的仪器很困难。

第七节
核反应堆与原子弹

核武器的出现，是 20 世纪 40 年代前后科学技术重大发展的结果，也是战争催生的结果。世界上唯一的一次核武器使用是在第二次世界大战中。由于核武器的破坏力，研究核武器的科学家又纷纷反对核武器的使用。核武器的威力为何如此庞大，这还要从原子反应堆说起。

知识聚焦

原子反应堆又称为核反应堆，是装配了核燃料以实现大规模可控制裂变链式反应的装置。

原子由原子核与核外电子组成，原子核由质子与中子组成。当铀235的原子核受到外来中子轰击时，一个原子核会吸收一个中子分裂成两个质量较小的原子核，同时放出2～3个中子；裂变产生的中子又去轰击另外的铀235原子核，引起新的裂变，如此持续进行就是裂变的链式反应。

链式反应产生大量热能，用循环水带走热量才能避免反应堆因过热烧毁。导出的热量可以使水变成水蒸气，推动汽轮机发电。核反应堆中高速运行的中子会大量飞散，需要使中子减速增加与原子核碰撞的机会，这就要有控制设施。铀及裂变产物都有强放射性，会对人造成伤害，因此必须有可靠的防护措施。

综上所述，核反应堆的合理结构应该是：核燃料＋慢化剂＋热载体＋控制设施＋防护装置。

2011年3月11日，日本大地震之后引发的核电站爆炸，就是由于在地震中核电站的控制系统受到破坏，使可控的核裂变变成了不可控的裂变，

原子弹

原子弹蘑菇云

产生了巨大的能量引发了爆炸，给人类造成了巨大的危害。

原子弹与核反应堆一样，依据的同样是核裂变链式反应，它主要是持续进行核裂变反应释放的能量产生爆炸作用的一种核武器。原子弹利用的原料主要是铀 235 或钚 239 等重原子。

化学炸药如 TNT 爆炸时释放的能量来自化合物的分解反应，在这些化学反应中，只是各个原子之间的组合状态有了变化，原子核都没有变化。核反应与化学反应则不一样，在核裂变时，参与反应的原子核都转变成其他原子核，原子发生了变化。这类武器实质上是原子核的反应与转变，所以称之为核武器。

核武器爆炸时释放的能量比只装化学炸药的常规武器要大得多。例如 1 千克铀全部裂变释放的能量比 1 千克 TNT 炸药爆炸释放的能量约大 2000 万倍。

核武器爆炸，不仅释放的能量巨大，而且核反应过程非常迅速，微秒级的时间内即可完成，并在核武器爆炸周围不大的范围内形成极高的温度，加热并压缩周围空气使之急速膨胀，产生高压冲击波。地面和空中核爆炸，还会在周围空气中形成火球，发出很强的光辐射。核反应还产生各种射线和放射性物质碎片，向外辐射的强脉冲射线与周围物质相互作用，造成电流的增长和消失过程，其结果又产生电磁脉冲。这些不同于化学炸药爆炸的特征，使核武器具备特有的强冲击波、光辐射、早期核辐射、放射性沾染和核电磁脉冲等杀伤破坏作用。

延伸阅读

第二次世界大战后期，为迫使日本迅速投降，1945年8月6日8时15分，美军一架B-29轰炸机飞临日本广岛市区上空，投下一颗代号为"小男孩"的原子弹。"小男孩"是一颗铀弹，长3米，直径0.7米，内装60公斤高浓铀，重约4吨，

战后长崎

TNT当量为1.5万吨。炸弹在距地面580米的空中爆炸，在巨大冲击波的作用下，广岛市的建筑全部倒塌，全市24.5万人口中有7.815万人当日死亡，死伤总人数达20余万。

8月9日，美军又出动B-29轰炸机将代号为"胖子"的原子弹投到日本长崎市，长崎市约60%的建筑物被毁，伤亡8.6万人，约占全市总人口的37%。

美国用原子弹轰炸广岛和长崎，使日本人民成为战争的受害者。据日本有关部门统计，截至2010年，广岛因受原子弹伤害而死亡的人数已达26.9446万人。

由于原子弹这一毁灭性武器对人类的灭绝性危害，爱因斯坦对自己曾写信给罗斯福说服他研制原子弹后悔不已，原子弹的制造者奥本海默等人在战后极力反对使用核武器。1968年11月6日，曾负责运送"小男孩"部件的"印第安纳波利斯"号的舰长麦克维伊在获悉当年自己运输的竟是葬送10余万生灵的原子弹后，愧疚不已，饮弹自尽。

第八节
氢 弹

氢弹的杀伤破坏因素与原子弹相同，但威力比原子弹大得多。原子弹的威力通常为几百至几万吨级 TNT 当量，氢弹的威力则可大至几千万吨级 TNT 当量。其中的区别还要从氢弹的爆炸原理说起。

知识聚焦

氢弹是核武器的一种，它是利用原子弹爆炸的能量点燃氢的同位素氘等轻原子核的聚变反应瞬时释放出巨大能量的核武器，又称聚变弹、热核弹、热核武器。

1942 年，美国科学家在研制原子弹的过程中，推断原子弹爆炸提供的能量有可能点燃轻核，引起聚变反应，并想以此来制造一种威力比原子弹更大的超级弹。

核聚变是指由质量小的原子，主要是指氘或氚，在一定条件下（如超高温和高压），发生原子核互相聚合作用，生成新的质量更重的原子核，并伴随着巨大的能量释放的一种核反应形式。

原子核中蕴藏着巨大的能量，原子核的变化（从一种原子核变化为另外一种原子核）往往伴随着能量的释放。如果是由重的原子核变化为轻的原子核，叫核裂变，如原子弹爆炸；

氢弹

　　如果是由轻的原子核变化为重的原子核，叫核聚变，如太阳发光发热的能量来源。产生聚变反应的轻原子核都带有正电荷，只有当它们的速度很高时才能克服正电荷间的静电斥力，发生显著的聚变反应。当热核装料的温度很高时，组成装料的原子核就具备了很高的速度（从而有很高的动能）。利用这种办法发生的聚变反应叫热核聚变反应，简称热核反应。轻核中氢的同位素氘和氚原子核间的斥力最小，因此常常被选作氢弹的装料。

　　氘、氚原子核间的反应方式有（如下图）：

　　图中 D、T 分别代表氘核和氚核，n、p 分别代表中子和质子，^{3}He、^{4}He 分别代表氦 3 核和氦 4 核。氚中子循环一代，消耗一个氘核和一个锂 6 核，放出约 22.4 兆电子伏的能量。

　　在氢弹中，创造自持聚变反应所必需的高温、高密度条件需要大量能量，目前只能靠核裂变爆炸来完成。因此，氢弹里都有一个起引爆作用的裂变爆炸装置，即"初级"或"扳机"。

　　整个爆炸过程虽然极短，但是步骤分明：当雷管引起普通炸药爆炸时，就将分开的核装料迅速压拢，使其达到临界质量，造成原子弹爆炸，即氢弹的"初级"爆炸；然后原子弹爆炸产生的几千万摄氏度高温，使氘和氚的核外电子流统统剥离掉，成为一团由裸原子核和自由电子所组成的气体，氘和氚以每秒几百千米的速度互相碰撞，迅速、剧烈地进行合成氦的反应，巨大的聚变能量迸发而出，就造成氢弹的"次级"爆炸。这就是原子弹"扳机"引爆氢弹的全过程。

　　随着科学技术的发展，氢弹与洲际弹道导弹的结合使得人类进入按钮战争的时代，任何一个核强国在战争中使用氢弹，也就是世界末日的来临！科学成果和技术是一把双刃剑，只有和平利用科学技术成果，才能让我们的世界未来更加美好。

💡延伸阅读

　　目前，核聚变技术的成熟应用就是氢弹，不过基于核聚变可以产生巨大的能量，很多国家，包括我国都在积极研究和平核聚变技术，即实现人工控制核聚变，使它用来发电。

人造太阳

　　但是，也正因为其能量太大了，所以极不容易控制，现在仅有的成果就是能够利用托卡马克装置实现 2000～5000 万度以上的人造太阳，也仅仅能维持数十秒钟。日本在 2000 万度的温度下，使"太阳"稳定地存在了 31 分钟 45 秒，我国最近实现了长达 20 秒的可重复高温等离子体放电，最高电子温度超过 3000 万度，令人鼓舞。

第九节
中子弹

中子是构成物质原子核的基本粒子之一，它的质量与质子相同。中子不带电，从原子核分裂出来的中子很容易进入原子核，人们利用中子的这个特性，用它轰击原子核来引发核子反应，这就是中子弹。中子弹究竟具有什么样的威力呢?

知识聚焦

中子弹的中心由一个超小型原子弹起爆点火，它的周围是氘和氚的混合物，外面是用铍和铍合金做的中子反射层和弹壳，此外还带有超小型原子弹点火起爆用的中子源、电子保险控制装置、弹道控制制导仪以及弹翼等。

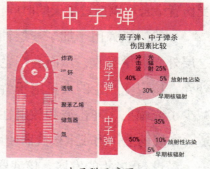

中子弹示意图

每一种核武器都具有辐射、冲击波、光辐射等杀伤力，中子弹也有核武器的这些特性。但是中子弹的杀伤特性主要不是在这些方面，中子弹主要是靠中子的辐射起到杀伤作用，它可以在有效的范围内杀伤坦克装甲车辆或建筑内的人员。

中子弹的杀伤原理就是利用中子的强穿透力。中子从原子核里发射出来后，它不受外界电场的作用，穿透力极强。在杀伤半径范围内，中子可以穿透坦克的钢甲和钢筋水泥建筑物的厚壁，杀伤里面的人员。当中子穿过人体时，会使人体内的分子和原子变质或变成带电的离子，引起人体内的碳、氢、氮原子发生核反应，破坏细胞组织，使人发生痉挛、间歇性昏迷和肌肉失调，严重时会在几小时内死亡。

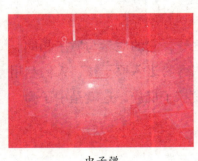
中子弹

如果有一枚 100 吨 TNT 当量的中子弹，在距离爆炸中心 800 米的核辐射剂量是同等当量的裂变核武器的几十倍，但是爆炸时产生的冲击波对建筑物的破坏半径只有 300 ～ 400 米。也就是说，如果有一枚百吨级当量的中子弹在战场上爆炸，在中子弹爆炸的 300 米范围之外的建筑和设施，可以毫发不损，可是在 800 米范围内的人员会被杀伤，被杀伤的人员并不是马上死去，而是慢慢地非常痛苦地死去，受伤者最长可以拖过 7 天的时间。

一般的氢弹由于加了一层铀 238 外壳，氢核聚变时产生的中子被这层外壳大量吸收，从而会产生许多放射性的物质。而中子弹去掉了外壳，核聚变产生的大量中子就可以毫无阻碍地大量辐射出去，同时减少了光辐射、冲击波和放射性沾染等因素。中子弹的这种特性，很适合在战场上作为战术核武器使用。

经过 50 多年的发展，核武器规模不断扩大，技术水平不断提高。进入 20 世纪 90 年代以来，核武器发展进入转折时期：大部分战术核武器被销毁或封存，过于饱和的战略核武器被大大削减，一些大国也仅仅是按"足够""合理"原则保持核威慑的规模和实力。我国于1955年开始研制核武器，目前已掌握了原子弹、氢弹、中子弹、战略核导弹和核潜艇技术，具有由"三位一体"战略核力量和战术核武器构成的自卫核威慑能力，成为世界上独自掌握核武器技术的国家之一。

延伸阅读

美、法、俄等国正在研究的三种第四代核武器。

1. 金属氢武器

氢气在一定的压力下可以转化为固态的结晶体，在室温下无须密封可保持很长时间，这就是金属氢。

金属氢的爆炸威力相当于相同质量 TNT 炸药的 25 ～ 35 倍，是目前可以想象到的威力最强大

核武器爆炸

的化学爆炸物，金属氢武器已被列为美国国家点火设施科学计划的研究项目。

2. 核同质异能素

所谓同质异能素，是指质量数和原子序数相同，在可测量的时间内具有不同能量和放射性的两个或多个核素。

核同质异能素的能量大约是高能炸药能量的 100 万倍，其核裂变反应能量更大。目前，一些研究所正在系统研究核同质异能素的性质和释放能量的方法。像金属氢一样，核同质异能素武器可作为"常规

武器"，也可作为"干净"氢弹的扳机。

3. 反物质武器

反物质的研究始于 20 世纪 40 年代后期，但进展缓慢。1986 年，在磁陷阶中首次捕获到反质子（质子带正电，带负电的质子称为反质子，带正电的电子称为反电子），从此对反物质有了进一步的认识。

研究表明，极少量的物质与它的反物质相互作用（称为"湮没"反应），可迅速释放出巨大的能量，足以压缩钚或铀丸产生链式反应。只要几微克的反物质，就可用作热核爆炸的扳机，或者激发出极强的 X 射线或 γ 射线激光。

反物质在军事上有多种用途，它是目前研究的第四代核武器中最重要的一种，世界上主要的国家都在进行反物质的生产和研究。第四代核武器的研究是对核军备控制的挑战。它巧妙地绕过了全面禁止核试验条约的限制。目前，第四代核武器尚未达到实用化的程度。

第十节
烟幕弹与照明弹

历史上多场战役中都曾使用过化学武器——烟雾弹和照明弹。烟幕弹和照明弹在使用时发生了什么样的化学反应呢？这还得从它们的组成和结构说起。

知识聚焦

一、烟幕弹

烟幕弹的原理就是通过化学反应在空气中造成大范围的化学烟雾。化学中的"烟"是由固体颗粒组成，"雾"是由小液滴组成。

烟幕弹由引信、弹壳、发烟剂和炸药管组成。烟

烟幕弹

幕弹制造烟雾主要靠它的发烟剂，一般采用黄磷、四氯化锡、四氯化碳或三氧化硫等物质。

当烟幕弹被发射到目标区域时，引信引爆炸药管里的炸药，弹壳体炸开，将烟幕弹的发烟剂黄磷抛散到空气中，黄磷一遇到空气就立刻自行燃烧，不断地生出滚滚的浓烟雾来。多弹齐发，就会构成一道道"烟墙"，挡住敌人的视线，给自己军队创造有利的战机。其中发生的化学反应方程式为：

$$4P + 5O_2 = 2P_2O_5$$

P_2O_5 会进一步与空气中的水蒸气反应生成偏磷酸（有毒）和磷酸，其中发生的化学反应方程式为：

$$P_2O_5 + H_2O = 2HPO_3$$
$$2P_2O_5 + 6H_2O = 4H_3PO_4$$

这些酸液滴与未反应的白色颗粒状 P_2O_5 悬浮在空气中。

四氯化硅和四氯化锡等物质也极易水解，生成的氯化氢与空气中的水蒸气形成酸雾，它们共同作用构成了"云海"。其中发生的化学反

应方程式为：

$$SiCl_4 + 4H_2O = H_4SiO_4 + 4HCl$$

$$SnCl_4 + 4H_2O = Sn（OH）_4 + 4HCl$$

在第一次世界大战期间，英国海军就曾用飞机向自己的军舰投放含 $SnCl_4$ 和 $SiCl_4$ 的烟幕弹，从而巧妙地隐藏了军舰，避免了敌机轰炸。现代有些新式军用坦克所用的烟幕弹不仅可以隐蔽物理外形，而且还有躲避红外激光、微波的功能，达到真正的"隐身"。

二、照明弹

一两颗小小的照明弹，可以把漆黑的夜晚变成白昼。

照明弹内部有一个特别的照明装置，里面装着照明剂。它包含金属可燃物、氧化物和黏合剂等数种物质。金属可燃物主要用镁粉和铝粉制成，镁粉和铝粉燃烧时，能产生几千度的高温，发射出耀眼的光芒。氧化物是硝酸钡或硝酸钠，它们燃烧时能放出大量的氧气，加速镁粉、铝粉燃烧，增强发光亮度。黏合剂大都采用天然干性油、松香、虫胶等原料制成，它能将药剂黏合在一块，起缓燃作用，保证照明剂有一定的燃烧时间。

照明弹

照明剂放在照明剂盒内，盒的下端连接有降落伞。照明弹还配有时间引信和抛射药。当弹丸飞到预定的空域时，时间引信开始点火，引燃抛射药，点燃照明剂，抛射药产生的气体压力将照明剂和降落伞抛出弹外，降落伞可在空气阻力作用下张开，吊着照明盒以每秒 5 ～ 8 米的速度徐徐降落、燃烧，使白炽的光芒射向大地。

照明弹的光非常亮，一发中口径照明弹发出的光，亮度可达40～50万烛光，持续时间为25～35秒，能照明方圆1千米内的目标。在战斗中，可借助照明弹的亮光迅速查明敌方的部署，观察我方的射击效果，及时修正射击偏差，以保证进攻的准确性；在防御时，可以及时监视敌方的活动。

💡 延伸阅读

科学技术是一柄双刃剑，任何技术发明之初都不是为了战争，世界和平是人类社会发展追求的共同目标。战争已经成为历史，战争中使用的武器也成了翻过去的一页，越来越多的军工技术转化为民用技术。下面是烟幕弹在现代生活中的应用：

1. 军用烟幕弹

军用烟幕弹的主要特点就是发烟时间短，烟幕保持的时间长，并且具有躲避红外线、微波等功能，从而达到真正的隐藏效果。

军用烟幕弹适用于特种作战，比如人质解救作战、反劫机作战、制服恐怖分子等。因为其用途广泛，现为国际社会广泛承认并且常用的特种装备之一，对人体无害，属于非杀伤性武器。

2. 消防烟幕弹

消防烟幕弹主要用于大中型消防演习，或是密封容器泄漏检查、空气流通测试等，广泛用于消防队、学校、矿井、油田、粮油库、化工等单位。

3. 表演烟幕弹

表演烟幕弹主要用于空中表演以及水上运动项目，以增强娱乐性和观赏性。空中表演项目如动力伞、三角翼、超轻型飞机空中跳伞等；水中表演项目如快艇、帆船、潜水等。

4. 灭蟑烟幕弹

灭蟑烟幕弹是借鉴军工高效发烟技术，并吸收国际流行的高效环保除虫方法两者技术复合而成的一种新型的灭蟑除虫产品，以发烟剂产生大量的烟体为载体，把具备除虫功能的药物通过烟体输送到设定范围内的所有空间从而杀死蟑螂、苍蝇、蚊子等害虫。

第三章
化学与生活用品

 主题引言

　　现代生活中，化学制品无处不在，可以说我们的生活已经离不开化学制品了。化学稀释剂、洗涤剂等物品中大都含有氯化物等，而这些物品的过量及不当使用，不仅会直接危害我们的身体健康，也会对环境造成很大程度的污染。

第一节
垃圾中的废旧电池

电池是我们生活中不可缺少的物品，游戏机、手电筒、玩具等生活用品都离不开它，都要靠电池来供电操作。但是，电池也是有使用寿命的，当它的电能消耗完后，其使用寿命也就结束了。那么电池是由谁发明的？废旧的电池我们又该怎样处理才是正确的呢？这还得从电池的化学组成和它对环境的影响说起。

知识聚焦

电池是由意大利的物理学家伏特发明的。1799 年，伏特把一块锌板和一块银板浸在盐水里，发现连接两块金属的导线中有电流通过。于是，他就把许多锌片与银片之间垫上浸透盐水的绒布或纸片，平叠起来。当他用手触摸两端时，会感到强烈的电流刺激。伏特用这种方法成功地制成了世界上第一个电池——伏特电堆。这个伏特电堆实际上就是串联的电池组，它成为早期电学实验和电报机的电力来源。后人为了纪念伏特在电学上的贡献，用他的姓氏伏特命名电压的单位。

在化学电池中，化学能直接转变为电能是靠电池内部自发进行氧化还原等化学反应的结果，这种反应分别在两个电极上进行。负极活性物质由在电解质中稳定的还原剂组成，如锌、镉、铅等活泼金属和氢或碳氢化合物等。正极活性物质由在电解质中稳定的氧化剂组成，如二氧化锰、二氧化铅、氧化镍等金属氧化物、氧（或空气）、卤素及其盐类、含氧酸及其盐类等。电解质则是具有良好离子导电性的材料，如酸、碱、盐的水溶液，有机或无机非水溶液、熔融盐或固体电解质等。

废旧电池

当外电路断开时，两极之间虽然有电位差，但没有电流，存储在电池中的化学能并不转换为电能。当外电路闭合时，在两电极电位差的作用下即有电流流过外电路。同时在电池内部，由于电解质中不存在自由电子，电荷的传递必然伴随两极活性物质与电解质界面的氧化或还原反应，以及反应物和反应产物的物质迁移。

电荷在电解质中的传递也要由离子的迁移来完成。因此，电池内部正常的电荷传递和物质传递过程是保证正常输出电能的必要条件。充电时，电池内部的传电和传质过程的方向恰好与放电相反；电极反应必须是可逆的，才能保证反方向传质与传电过程的正常进行。因此，电极反应可逆是构成蓄电池的必要条件。

我们日常使用的电池的种类很多，常用电池主要是干电池、蓄电池以及体积小的微型电池，此外还有金属—空气电池、燃料电池等，它们的工作原理都是通过化学作用产生电能。

电池中含有大量的重金属，如镉、汞、铬及其他有害物质，这些电池的组成物质在使用过程中，被封存在电池壳内部，并不会对环境造成影响。电池用完后如果随手丢弃，其内部的重金属和酸碱等泄露出来进入土壤或水源，通过各种途径进入人的食物链，最终会危害到食物链终端的生物——人类的健康。

回收旧电池

科学调查表明，一颗纽扣电池弃入大自然后，可以污染60万升水，相当于一个人一生的用水量。而中国每年要消耗这样的电池70亿只，这是多么惊人的数字啊！

电池作为我们生活上不可缺少的物品，同时也会带来巨大的危害，如果我们随手丢弃废旧电池、对废电池不进行回收再利用处理，它将会对人类生存构成威胁。

当前世界上对废旧电池常用的处理方式有填埋、焚烧、堆肥和回收再利用等，但无论哪种方法都不能安全处理废旧电池中的化学物质。因此，如何安全处理废旧电池是世界各国面临的一个难题。

延伸阅读

在日本中部的富山平原上，一条名叫神通川的河流穿行而过，它不仅是居住在河流两岸人们世世代代的饮用水源，也灌溉着两岸肥沃的土地，是日本主要粮食基地的命脉水源。

1955年，神通川流域的许多居民出现了一种怪病，初始症状是腰、背、手、脚等各关节疼痛，随后遍及全身，有针刺般痛感，数年后骨骼严重畸形，骨脆易折，甚至轻微活动或咳嗽都能引起多发性病理骨折，最后衰弱疼痛而死，因此被称为"痛痛病"。

经调查分析，"痛痛病"是由于当地居民长期饮用受镉污染的河水和食用含镉废水浇灌的水稻而致使镉在体内蓄积而中毒致病的。镉会使人体骨骼中的钙大量流失，从而导致病人骨质疏松、骨骼萎缩和关节疼痛。据说有一位患者，因为打了一个喷嚏，竟使全身多处发生骨折；另一患者因为摔倒而导致全身骨折达73处，身高为此缩短了30厘米，病态十分凄惨。痛痛病在当地流行了20多年，造成了200多人死亡。

"痛痛病"患者

生活中，人们随手丢弃的废旧电池会使大量的有毒物质释放到环境中，废旧电池中的锰、汞、锌、铬等重金属即使深埋在地下，其重金属成分仍会随渗液溢出，造成地下水和土壤的污染。镉、汞、铬等重金属元素通过食物、水、吸烟或其他途径进入人体，当重金属浓度蓄积到一定程度时，就会发生重金属中毒，损害神经系统、造血功能和骨骼，甚至可以致癌。因此，废旧电池是破坏生态环境的杀手，日本"痛痛病"事件给我们敲响了环境污染的警钟。

第二节
神奇的魔棒——荧光棒

在明星演唱会上，我们经常会看到粉丝们用荧光棒表达他们对歌星的喜爱和心声。见过荧光棒的人都知道它看起来像普通的塑料棒，荧光棒真是塑料棒吗？荧光棒为什么晚上能发光？如果你了解"荧光"的化学知识，心中的疑惑就会迎刃而解。

知识聚焦

常见的荧光棒有两种：一种是电子荧光棒，是利用电池进行发光的发光棒，其发光原理与灯光通电发光原理相似，在早期曾大量使用，现已逐渐淘汰；另一种是化学荧光棒，是利用化学反应进行发光的发光棒，因其结构简单、质量轻，使用时十分方便，现在很多活动中一般都使用这种化学荧光棒。

多彩荧光棒

化学荧光棒有条状、棒状、环状等形状，采用可折的塑料管中套入玻璃细管，使用时弯折玻璃管就会发光。荧光棒中的化学物质主要由三种组成：过氧化物、酯类化合物和荧光染料。在弯折过程中，玻璃细管中的液体流出，迅速与塑料管中的液体混合发生化学反应，在化学反应中放出的能量传递给荧光染料分子，荧光染料以可见光的形式释放能量，从而把化学能转换为光能。其发光原理是：

$$CPPO + H_2O_2 \longrightarrow 2C_6H_5OH + 2CO_2$$

这种光是由化学反应而产生，称为化学发光，即冷光。它具有功耗低、光线柔和、无紫外线、颜色多样、寿命长、不产生热量等特点，制成的物品使用特别方便。

荧光棒的发光时间有长有短，发光时间的长短与荧光棒中反应物的量、环境温度和初始亮度有关。荧光棒中反应物的量越多，发光时间越长；环境温度越高，荧光棒的发光时间越短；荧光棒刚弯折时的亮度越高，发光时间就越短。根据荧光棒的这些特性，我们把已经发光的荧光棒放在低温环境中，就可以抑制荧光棒中两种液体的化学反应，取出后可继续使用。

由于荧光棒内的玻璃管易碎，在运输途中不可以摔，不可以扔。荧光棒的发光原理是化学发光，紫外线会破坏它的化学反应，所以不能暴晒。

另外，有些人担心荧光棒具有放射性。因为有些夜光手表、矿井应急

荧光棒

信号灯等发光用的都是放射性物质，使染料在黑暗处发光，所以人们误认为荧光棒中也是使用的放射性物质发光，造成了认识上的误差。

荧光棒所发出的光是靠化学反应激发染料发出的非放射性光，而不是由放射线激发染料发出的光，因此不会对人体造成伤害。我们鉴别某夜光产品是否为放射性发光的办法是：如果该产品发光持续的时间比较长，并且光强度较弱，则一般是使用的放射性物质；而使用非放射物质发光的产品持续的时间比较短，光的强度相对比较强。

延伸阅读

近年来，随着荧光棒的广泛使用，其安全问题也引起了广泛关注。因荧光棒成分多含苯二甲酸二甲酯和苯二甲酸二丁酯，这两种化学物质具有低毒性，若发生泄漏，被人体误吸或触碰，可能会造成恶心、头晕、麻痹、昏迷等现象。但是，由于荧光棒中的液体化学物质被聚乙烯（塑料）包装，只要不破坏荧光棒的塑料管，使用过程中只要不将荧光棒过度弯折，或用刀切割、针刺等就不会造成液体泄漏，就不会对人体健康造成危害。

荧光棒的成品是无毒、无害且用处广泛的发光品。除了在各种大

小型演唱会、宴会、节日晚会等场合使用，还可作为玩具、装饰、军需照明、海上救生、夜间标志信号以及钓鱼专用灯源等，因此受到欢迎。

第三节
绚丽多彩的焰火

你看过焰火呈现奥运五环形状，五个环如同螺旋般飞快旋转而发出璀璨的光芒么？你看过没有黑夜的衬托，烟花也能照样绚烂吗？2008年北京奥运会开幕式上利用焰火制造出无数如梦如幻的美景，空前盛况令人至今记忆犹新。你的心中一定有这样的疑问：这些美景是怎么产生的？要解决这些疑问就要从焰火中含有的化学知识说起。

知识聚焦

焰火，也称烟花或礼花，一般在特定的时间如新年、大型节假日或喜庆的日子，人们会燃放礼花表达自己的祝福与喜悦。

在我国，为迎接新年的到来，除夕之夜满天的焰火把黑暗的夜空装扮得五光十色，到处是火树银花，天空亮如白昼。

焰火的制造首先应归功于

烟花

制造火药的人们，他们在夜间燃烧火药时，偶然发现火光中出现了美丽的色彩。后来，他们又逐渐摸索出如果采用不同的配方，在火药中加上不同的染色剂，就可以制出五颜六色的焰火。

焰火的强光来自那些化学性活泼的金属，如铝、镁、钛、锆等粉末，这些金属粉末被称为发光剂，它们在空气中与氧化合，剧烈燃烧，温度可高达3000℃，因而放出耀眼的强光。

金属或它们的化合物在灼烧时的火焰呈现不同颜色，这是因为这些金属元素的原子在接受火焰提供的能量时，其外层电子将会被激发到能量较高的激发态。处于激发态的外层电子不稳定，又要跃迁到能量较低的基态，在这个过程中就会产生不同波长的电磁波。如果这种电磁波的波长是在可见光波长范围内，就会在火焰中观察到这种元素的特征颜色，这种现象称为"焰色效应"。

根据焰色效应的原理，人们可以制成各种颜色的火焰。例如：加入氯化锶产生红色火焰；加入氯化钡产生绿色火焰；加入氯化铜产生蓝色火焰。橙色和紫色火焰是利用光色混合规律而创造出来的；用红色光和黄色光可配成橙色光；用红色光和蓝色光可配制成紫色光。

现在的礼花都是采用这些燃烧后能产生有火焰的药剂，在空中构成鲜艳无比、变化无穷的各式各样的花形图案。如果烟花中的药剂燃烧后产生大量的气体，就会使纸制品旋转或升到空中，或连续喷出彩星、哨子等，或将壳体炸开造成气动效应。

现在我们经常看到主持人和嘉宾在火树银花般的焰火舞台上行走而毫发无损，这又是怎么回事呢？原来这种焰火与传统烟花不同，是一种冷焰火。冷焰火是采用燃点较低的金属粉末，经过一定比例加工而成的。普通焰火的燃点在800℃～1 200℃之间，燃烧时容易对人体造成伤害；冷焰火的燃点比较低，一般在60℃～80℃，产生的火焰的

冷焰火

外部温度为30℃～50℃，对人体无伤害，适用于舞台表演和各种造型设计。

冷焰火产品有多种效果，通常是应用各种产品的特性进行艺术组合，以求在舞台演艺和舞台美术造型中达到理想的效果。冷焰火可制成手持冷焰火、舞台快速喷泉冷焰火、舞台瀑布冷焰火、庆典彩烟、舞台火轮冷焰火、舞美旋转风车烟花、字幕冷烟花等效果。它是一种新型高科技焰火产品，与传统烟花产生的焰火相比，具有温度低、安全性强、亮度高和烟雾小、环保无污染、烘托现场气氛等优点，受到舞台美术设计人员和大众的青睐，广泛应用于舞台演出、会务会展、婚庆礼仪等场合，让活动安全环保又有特色。

💡延伸阅读

唐太宗贞观年间，湖南东部连年旱涝大灾，民不聊生，据说是邪瘴在捣乱。这时，一个叫李畋的浏阳人，决心驱赶邪瘴。他将竹筒填满火药，安上药线，点燃后响声洪大、清香四溢，邪瘴终于被驱赶而去，人们得以安居乐业，天下太平。从此，浏阳鞭炮烟花便诞生了，李畋被尊称为鞭炮烟花的祖师爷。

清朝嘉庆初年，浏阳的大瑶、金刚、澄潭江、文家市、杨花一带，有近90%的农户从事花炮生产，素有"十家九爆"之美誉，年产逾14万箱。咸丰五年已开始出口，同治十一年形成了大行业，最高年产已近25万箱，花炮生产技术也处于世界领先地位。

二十世纪三四十年代，做花炮最有名的首推浏阳的李四美花炮坊。李四美作坊是商人李熙雅所创建，他恢复发展了先祖失传的技艺，以铁屑掺入原料，制成焰火"萝卜花"，之后又以多种药物先后制出"大叶兰花""大叶菊花""二梅花"和"连升三级"

烟花

等烟花。1918年，作坊取名为"李四美"，之后相继制作出"地老鼠""天鹅抱蛋""二龙戏珠""滴滴金"等玩具型烟花。

第四节
家用消毒剂

　　一位温州小伙将84消毒液与洁厕灵混合使用来刷洗宿舍的厕所，他以为这样可使清洁力度加强。然而意想不到的事情发生了，这位小伙子竟然像中毒了一样瘫坐在地上，无力挪步，呼吸急促。幸好他及时给室友拨打了电话，室友迅速赶到将其送往医院，经抢救后终于脱离危险。经医生诊断，小伙子为轻度氯气中毒，而导致他中毒的罪魁祸首正是混合后的84消毒液与洁厕灵！

　　家用消毒剂常用的有空气清新剂、洁厕灵和84消毒液，一般我们用它们来清洁我们身边的环境。为什么洁厕灵和84消毒液混用会造成如此可怕的后果呢？我们要如何安全使用各种消毒剂呢？这还得从它们的化学成分和消毒原理说起。

知识聚焦

84 消毒液的主要成分是次氯酸钠，具有漂白和杀菌作用。84 消毒液的漂白性不是次氯酸钠具有的，而是次氯酸。次氯酸是一种极弱的酸，比碳酸还弱，但其具有极强的氧化性，能够将大多数物质氧化，使其变性，因而能够起到漂白消毒的作用。

洁厕灵

洁厕灵主要成分是各种盐酸和有机酸、缓蚀剂、增稠剂、表面活性剂、香精等，其中的酸对皮肤有一定刺激和腐蚀作用，使用时不能与皮肤、衣物接触，一旦接触应立即用大量清水冲洗。

洁厕灵能有效、快捷地除去卫生间臭味、异味，清洁空气，对细菌繁殖体、芽孢、病毒、结核杆菌和真菌具有良好的杀灭作用，对陶瓷类日用品，如便器、瓷砖、水池表面具有良好的去污除垢作用，尤其是除尿垢、尿碱尤为有效。

84 消毒液呈碱性，而洁厕灵呈酸性。这两种物质混合后，会发生剧烈的化学反应，产生大量白色泡沫与黄绿色刺鼻气体——氯气。氯气是一种比空气重的黄绿色有毒气体，它通过呼吸道侵入人体并溶解在黏膜所含的水分里，生成次氯酸和盐酸，次氯酸使组织受到强烈的氧化；盐酸刺激黏膜发生炎性肿胀，使呼吸道黏膜浮肿，大量分泌黏液，造成呼吸困难。

氯气中毒的明显症状是发生剧烈的咳嗽，症状重时，会发生肺水肿，造成呼吸困难而窒息死亡。由食道进入人体的氯气会使人产生恶心、呕吐、胸口疼痛和腹泻的症状。1升空气中最多可允许含氯气0.001毫克，超过这个量就会引起人体中毒。

洁厕灵与84消毒液混合后，各自的去污效果也在化学反应中消失了。因此，二者混用不仅不能去污，还会毒害人体健康。

各种消毒产品固然有抗菌杀毒的强效清洁作用，但对身体也有一定的毒性，所以一定要严格按照产品说明书的步骤谨慎操作，严格按照消毒药物使用浓度、使用量及消毒作用时间操作，避免混用。在消毒使用前要彻底清除环境中存在的有机废物，如粪便、污水等，因为这些有机废物中藏匿有大量病原微生物，会消耗或中和消毒剂的有效成分，严重降低功效。

不少人喜欢在居室里有异味时使用空气清新剂，事实上这对净化空气不仅无益，反而会加重室内总挥发性有机物的污染程度。

空气清新剂主要由除味剂和清新剂组成。除味剂的主要成分一般为对二氯苯。对二氯苯对人的皮肤、黏膜均有刺激作用。清新剂是由乙醚、香精等成分组成，能与空气中某些物质发生化学反应，产生的某些成分又是新的空气污染物，加剧了空气的污染程度。芳香剂对人的神经系统还会产生危害，刺激小孩的呼吸道黏膜，甚至可以诱发癌症等疾病。

空气清新剂

空气清新剂中的清新剂并没有清除空气中的有害气体，它只是靠混淆人的嗅觉来"淡化"异味，最后的效果却适得其反，长期使用对人体会产生不良刺激，因此要慎用空气清新剂。

综上所述，化学知识无处不在，学好化学知识不仅能提高生活品质，更能为我们的身体健康提供可靠的指导。

延伸阅读

84消毒液在使用过程中需要注意以下几点：

1. 84消毒液有一定的刺激性与腐蚀性，必须稀释以后才能使用。一般稀释浓度为1‰~5‰，即1000毫升水里面放1~5毫升84消毒液，然后浸泡10~30分钟。被消毒物品应该全部浸没在水中，消毒以后应该用清水冲洗干净后才能使用。

2. 84消毒液的漂白作用与腐蚀性较强，最好不要用于衣物的消毒，必须使用时浓度要低，浸泡的时间不要太长。

3. 84消毒液是一种含氯消毒剂，而氯是一种挥发性的气体，因此盛消毒液的容器必须加盖盖好，否则达不到消毒的效果。

4. 不要把84消毒液与其他洗涤剂或消毒液混合使用，因为这样会加大空气中氯气的浓度而引起氯气中毒。

5. 要区分消毒与解毒的概念，如果有其他食物或药物中毒时切记不可把84消毒液当作解毒药来使用，应该及时就医。

6. 蔬菜、水果等食物最好不要用84消毒液消毒。

第五节
神奇的炉灶——微波炉

　　由于现代人生活节奏加快，人们在厨房里做饭的时间越来越少。自从微波炉问世，很多人就从油烟弥漫的厨房中解脱出来，由此引发的厨房革命的旋风迅速席卷全球。

　　微波炉是一种用微波加热食品的现代化烹调灶具，使用时产生的微波是一种电磁波。那么它为什么能加热食品？这除了与波的性质有关，还与水的化学性质有关。

知识聚焦

　　微波炉的发明缘于一次意外事件，它的发明者是美国的斯本塞。1939 年，斯本塞参加了海军，半年后因伤而退役。退役后的斯本塞进入美国潜艇信号公司工作，开始接触了各类电器，稍后又进入专门制造电子管的雷声公司。由于工作出色，1940 年，他由检验员晋升为新型电子管生产技术负责人。

　　当时，英国科学家正在积极从事军用雷达微波能源的研究工作，伯明翰大学的两位教授设计出一种能高效产生大功率微波能的磁控管。由于当时德国飞机对英伦三岛的狂轰滥炸，这种新产品无法在英

微波炉

国国内生产，英国科学家只好寻求与美国合作。

1940 年 9 月，英国科学家带着磁控管样品访问美国雷声公司时，与才华横溢的斯本塞一见如故，相见恨晚。在斯本塞的努力下，英国和雷声公司共同研究制造的磁控管获得成功。而就是在这个过程中，斯本塞无意中发现了微波的热效应。

1945 年，斯本塞在研究磁控管时，口袋中的巧克力受热融化，弄湿了他的裤子，但人体并没有灼热的感觉。还有一次，他把一袋玉米粒放在电波喇叭口前，然后观察玉米粒的变化，他发现玉米粒与放在火堆前一样。第二天，他又将一个鸡蛋放在电波喇叭口前，结果鸡蛋受热突然爆炸，溅了他一身。这些现象证明磁控管产生的微波能使周围的物体发热，于是他开始着手对微波的热效应进行研究。

雷声公司受斯本塞实验的启发，决定与他一同研制能用微波烹饪的炉子。几个星期后，一台简易的炉子制成了。斯本塞用姜饼做试验，他先把姜饼切成片，然后放在炉内烹饪。在烹饪时他屡次变化磁控管的功率以选择最适宜的温度。经过若干次试验，食品的香味飘满了整个房间。1947 年，雷声公司推出了第一台家用微波炉，可是这种微波炉成本太高，寿命太短，从而影响了微波炉的推广。

1965 年，乔治·福斯特与斯本塞一起对微波炉进行了大胆改造，他们设计了一种耐用和价格低廉的微波炉。1967 年，微波炉新闻发布会兼展销会在芝加哥举行，获得了巨大成功。从此，微波炉逐渐走入了千家万户。由于用微波烹饪食物又快又方便，不仅味美，而且有特色，因此有人称之为"妇女的解放者"。

微波炉产生的微波为什么能加热食品呢？原来食品中总是含有一定量的水分，当微波辐射到食品上时，因为水是极性分子（分子的正负电荷中心，即使在外电场不存在时也是不重合的），这种极性分子的取向将随微波场而变动。由于食品中水的极性分子的这种运动，以及相邻分子间的相互作用，产生了类似摩擦的现象，使水温升高，因此食品的温度也就上升了。

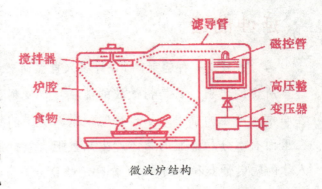

微波炉结构

用微波加热食品时，它以每秒24.5亿次的频率，深入食物5厘米进行加热，所以食品内部也同时被加热，整个物体受热均匀，升温速度也快。但这种微波有一个特点，它可以穿过玻璃、陶瓷、塑料等绝缘材料，不会消耗能量，但是一碰到金属就发生反射，金属根本没有办法吸收或传导它，所以微波炉加热食品时不能使用金属容器。

使用微波炉时，一定要注意安全。在加热稀饭等流质食物时，应选用大口容器，以免气泡溢出；对于馒头、米饭等容易发硬的食物来说，加热前可以在表面淋点水，高火加热1～2分钟即可；油炸、袋装、瓶装、罐装食品以及带皮、带壳的食物，如栗子、鸡蛋等，最好不要用微波炉加热，以免导致明火或爆裂；解冻肉类食物，要在肉没有完全化冻时取出，否则外层的肉有可能被"蒸"熟；片状食物解冻时，厚的放在容器外层，薄的放在里边。不要用微波炉烧水，因为用传统方法烧水时，到了沸点就"开"了；而用微波加热时水是不流动的，只是温度升高，有可能超过了沸点还"不开"，但是这个时候的水温度已经非常高了，如果这时你去取水，一不小心就会被烫伤。金属、搪瓷制品不能在微波炉内使用，只能用耐热玻璃、陶瓷和微波炉专用容器。

综上所述，我们只有懂得了微波炉的工作原理，才能正确使用它，让它为我们服务。

💡延伸阅读

因为微波是一种辐射，所以许多人自然而然地认为它会致癌。其实，这里所说的辐射，只是指微波的能量可以发射出去，跟 X 光以及放射性同位素产生的辐射是不一样的。微波炉里的辐射量很大，可以使放在里面有水分和油脂的物体产生热量把食物煮熟，但对在微波炉外的人体的辐射量就和一支 40 瓦的日光灯管差不多，对人体几乎没有什么影响。

美国威斯康辛大学物理教授阿戴尔研究微波辐射对小动物和人类的影响已超过 25 年，她曾经对动物和人进行过微波室实验。结果，动物在微波室内显得很兴奋，而人类的感觉与享受明媚的阳光差不多。她解释，虽然微波与 X 光和 γ 射线等同属放射线，但其量子能量相差数百万倍。她指出，微波杀死细胞的唯一途径就是让细胞自己"热死"，而微波炉泄漏的辐射无法达到如此程度。如此看来，微波炉并不会危害人体健康。

第六节
特殊的锅——不粘锅

现在，家庭烧菜的锅主要有铝锅、不锈钢锅、铁锅和不粘锅等种类。经过长时间的使用实践证明，这些锅各有优缺点，其中不粘锅的优点最为突出：易清洗，轻轻一擦即干干净净；可轻松煎、炒食物而不粘底；

能最大限度地减少用油，厨房干净少油烟；可以帮助减少脂肪的摄入量，顺应了现代人追求低脂肪、低热量的消费潮流。

不粘锅的问世给人们的生活带来了很大的方便，人们不必再担心煮肉时一不小心就会烧焦，煎鱼时鱼片粘在锅壁上。不粘锅为什么可以做到不粘？其实，仅仅是因为这种锅的内表面多涂了一层不粘的涂料，这种涂料的商品名字叫"特富龙"。如果了解这种材料的化学性质，你一定就明白了不粘锅"不粘"的道理，懂得了如何选用健康的锅。

知识聚焦

特富龙是含氟树脂的总称，包括聚四氟乙烯、聚全氟乙丙烯及各种含氟共聚物。由于这些化合物具有耐高温、耐低温、自润滑性、化学稳定性等优点，故广泛用于不粘炊具。不粘锅最常用的一种涂料化学名字叫聚四氟乙烯。

聚四氟乙烯是一种用氟取代聚乙烯中所有氢原子的人工合成高分子材料。这种材料具有抗酸抗碱、抗各种有机溶剂的特点，几乎不溶于所有的溶剂，"王水"也难以腐蚀它，被誉为"塑料王"。

不粘锅

聚四氟乙烯化学性质稳定，其制品如在室外放置二三十年，任凭日晒雨淋都毫无损伤；聚四氟乙烯具有耐高温的特点，可用来做炊具内层的"不粘"涂料；聚四氟乙烯的摩擦系数极低，因此也被用作润滑剂。

如何安全使用不粘锅？卫生部专家对不粘锅的使用提出了两点意

见：一是不粘锅不能制作酸性食品；二是使用温度要控制在250℃以下。

不粘锅为何不能制作酸性食物？氟化物专家表示：聚四氟乙烯的先天缺陷是它的结合强度不高，不粘锅不是完全覆盖聚四氟乙烯涂层，酸性物质容易腐蚀金属机体，机体一旦被腐蚀就会膨胀，从而把涂层胀开，导致涂层大面积脱落。卫生部的有关标准就是根据这个原理制定的。

日常食用的食物很多是酸性食物，包括各种肉类、蛋、白糖、大米等。烹饪时许多菜肴都需要煎炸，油的沸点是320℃，在煎炸食品时，油一直是滚烫的，这很容易导致不粘锅中的有害成分分解。所以烹制煎、炸食品时应尽量避免使用不粘锅。另外，用不粘锅炒菜不要用铁铲子，以防破坏不粘涂层。

鉴于以上原因，世界卫生组织的专家建议使用铁锅。铁锅是我国的传统厨具，一般不含其他化学物质，不会氧化。在炒菜、煮食过程中，铁锅不会有溶出物，不存在脱落问题，即使有铁物质溶出，对人体吸收也是有好处的。世界卫生组织专家甚至认为，用铁锅烹饪是最直接的补铁方法。

任何事物都有两面性，无论什么产品，我们在使用过程中都要根据其特性用其所长、避其所短，这样才不至于走向事物的对立面。

💡 延伸阅读

不粘锅的保养：

1. 首次使用前，要把标贴撕去，用清水冲洗并抹干，涂上一层薄薄的食用油（牛油及猪油除外）作为保养，再清洗后方可使用。

2. 烹调时应用耐热尼龙、塑料或木制的锅铲，避免尖锐的铲具或金属器具损害不粘锅的表面。

3. 不粘厨具传热均匀，使用时只需用中至小火，便可烹调出美味食物。采用大火时，锅内必须有食物或水。

4. 使用后须待温度稍降，再用清水洗涤，不能立即用冷水清洗。遇上顽固污迹，可以用热水加上洗洁精，以海绵清洗，切勿以粗糙的砂布或金属球大力洗擦。

第七节
万能胶

自行车的轮胎扎破了，修车人用万能胶就能帮你补上漏气的地方，自行车又可以骑了；拖鞋开胶了也可以用万能胶解决问题。神奇的万能胶帮我们解决了生活中的许多麻烦。万能胶是谁发明的？它为什么能让不同的材料粘接？下面我们一起来探寻它的神奇作用。

知识聚焦

万能胶的发明者是美国人哈里·库弗博士。1942 年的时候，库弗供职于伊斯曼柯达公司，这是一家享誉全球的生产照相机及相关产品的企业。

库弗的工作是隔离一种透明塑料，使武器瞄准器的精度更高，这种材料在第二次世界大战中曾被广泛使用，具有很大的用途。在研究

万能胶水

的过程中，有一段时间库弗非常沮丧，因为这种被称为氰基丙烯酸酯的材料黏性太强了。而随着美国用根本不需要瞄准的原子弹结束这场战争后，库弗用在瞄准镜上的功夫也白费了，并且，库弗也完全没有意识到他已发明了有史以来黏性最强的万能黏合剂之一。

几年以后，库弗注意到过去盛放氰基丙烯酸酯的容器仍旧黏在垃圾桶底部，他想尽一切办法也不能将其取下来，这时他才发现这种材料的神奇之处。

1958年，库弗说服老板相信氰基丙烯酸酯蕴含的市场潜力。不久后，柯达公司推出了一种名为"伊斯曼910"的胶水。早年，库弗在主持电视节目的时候，他亲身示范用一小滴万能胶把自己悬挂在了钢管上。万能胶在市场上获得了巨大成功。时至今日，万能胶仍是畅销产品。

万能胶是一种黏附能力强、应用面很广的黏合剂，能让橡胶、皮革、织物、纸板、人造板、木材、泡沫塑料、陶瓷、金属等自黏或互黏，由于它的应用面较广，因而获得了"万能胶"的美称。

在万能胶的家族里，万能胶主要原料有三个最重要的成员：溶剂、胶片和树脂。在通常情况下胶片和树脂是固体，用不同的溶剂以一定的配方及工艺将其溶解，就变成了我们常见的万能胶，把它涂到被粘物体的表面，溶剂挥发后，胶水由液体转变成固体，物体就粘接起来了。

万能胶中的高分子材料——橡胶和树脂在液体环境中一般呈圆形粒子，粒子的半径在0.5～5微米。物体的粘接是靠胶水中的高分子体间的作用力来实现的。

在万能胶中，溶剂是高分子体的载体，当胶水涂到需要粘接的物体上时，高分子体慢慢地浸入到物体的组织内。当溶剂挥发后，高分子体就依靠相互间的作用力将两个物体紧紧地结合在一起。如果使用时涂胶量过多，就会使其中的高分子体相互拥挤在一起，不能形成相互间最强的吸引力。同时，高分子体间的溶剂也不容易挥发掉，此时万能胶起的是填充作用而不是黏接作用。这就是为什么在黏接过程中"胶膜越厚，胶水的黏接效果就越差"的原因。

随着科技的进步，以万能胶为基础的胶水家族不断出现新成员，应用范围也越来越广泛。

延伸阅读

万能胶虽然"万能"，但对健康大大的不利，传统的万能胶在发达国家早已属于淘汰产品。

目前，市场上的万能胶中含有大量有毒溶剂，对健康危害甚大。长期接触氯丁胶的工人会发生接触性皮肤色素消失；胶水中挥发出来的溶剂易刺激眼睛和呼吸道，长时间吸入会影响神经系统和损害肝脏。

在现代家庭装修中，人造木板及其制品都要使用胶黏剂，而这种胶粘剂会挥发出对人体有害的气味。因此，新房在装修后要通风一段时间后才能入住。

以万能胶为代表的大量有毒有害胶黏剂的使用，已成为目前职业危害的重要因素之一。因此，开发新型环保胶黏剂、控制胶黏剂产品有害化学物质的最低限量以及建立长效胶黏剂管理机制等，已成为当务之急。

第八节
肥皂和洗衣粉

　　肥皂、洗衣粉和洗洁精是常见的家用洗涤剂，虽然都能去污，它们的化学成分却不相同。洗涤剂的主要成分是表面活性剂。表面活性剂是分子结构中含有亲水基和亲油基两部分的有机化合物，这种特殊的结构使得它们有了去污能力。使用时，亲油基与污物结合，亲水基与水结合，使污物与附着物分离从而达到去污的目的。

　　那么，这些洗涤剂有什么不同呢？哪种洗涤剂洗衣效果更好一些呢？这还得从它们各自的功能分别说起。

知识聚焦

　　工业上生产肥皂是用动物或植物的油脂与火碱（苛性钠）在一定温度下，经煮炼（中和）并脱去甘油，得到主要成分为脂肪酸钠的盐。这样的肥皂也叫钠肥皂，其 pH 值一般在 9 左右，呈弱碱性。

　　脂肪酸钠分子的一端具有亲水性，这个基团叫亲水基；另一端具有亲油性，这个基团叫亲油基或憎水基。如果衣服沾有油污，把它浸湿，擦上肥皂，轻轻揉搓，肥皂分子中的亲水基部分会同油污"抱成一团"，互相融合在一起，形成外表亲水的微小"胶团"。

肥皂

这样，油污就被肥皂和水包围起来，渐渐地从衣服上溶解到水中，再经过清水漂洗，油污就连同肥皂分子一起被水清洗掉了。

肥皂的去污力强，且生物降解性好，对人体无毒副作用，对环境无污染。但当肥皂遇到硬水中的钠盐或镁盐时，便会生成难溶于水的钙肥皂与镁肥皂，沉积在衣物的纤维缝隙里，既造成浪费又难将衣物漂洗干净，会使衣物发黄或褪色。

洗衣粉是用石油化工产品为原料，经过一系列反应制成的。洗衣粉由多种化学成分组成，主要成分是对十二烷基苯磺酸钠，起主要作用的是表面活性剂。洗衣粉的 pH 值在 11 以上，碱性较强。在洗衣粉里，还添加有生物酶、表面活性剂、助洗剂、稳定剂、分散剂、增白剂、香精等。这样，各种化学物质相互促进和弥补，使洗涤去污效果更为理想。

洗衣粉

洗衣粉的分子一端是有机物的大分子，结构和油分子相似，一端是小分子的离子，结构和水分子相似。由于分子结构的物质之间相似相容性质，亲油的一端和油融合，亲水的一端和水结合，使油污从衣物上分离进入水中而达到去污的目的。洗衣粉去污力强、溶解性能好、使用方便，在抗硬水、泡沫丰富等方面比肥皂更胜一筹，同时价格较便宜，属于性价比较高的洗衣清洁剂。

现在，洗衣粉种类越来越多，性能也有所不同。比如，加酶洗衣粉中加入了碱性蛋白酶生物催化剂，能"消化"顽固的蛋白质类污垢，如汗斑、奶渍和血迹等。无磷洗衣粉中聚磷酸盐的含量大大降低，更环保，而且洗涤效果一点也不比传统洗衣粉差。

有的消费者错误地认为洗衣粉泡沫越多越好，实际上泡沫的多少和去污力没有直接联系。在洗衣服时，洗衣粉的量应加足，洗涤特别脏的衣服时多加一些是应该的，但并不是洗衣粉加得越多越好。当洗衣粉达到一定浓度，水溶液的表面活性达到最大值以后，去污力就不再随着洗衣粉的增加而增加了，反而有减少的趋势。

实践证明：洗衣粉的浓度在 0.2% ~ 0.5% 时，水溶液的表面活性最高，洗涤去污能力最强，也就是说，在一面盆的清水中加入 5 ~ 10 克（约 1 茶匙）的洗衣粉就足够了。洗衣粉加过量除了不会再增加去污效果外，还会因溶液中碱性的增加而对衣服纤维有损伤。另外，大量洗衣粉附在衣服上，泡沫多不易漂净，费水、费时，造成浪费不说，残留在衣物上的成分还会对皮肤造成伤害，引起过敏反应等。

洗衣粉和肥皂二者混用，去污力更强。肥皂的主要成分脂肪酸钠会与水中的钙、镁离子结合生成沉淀，影响去污力，而洗衣粉中所含的三聚磷酸钠具有络合钙、镁离子，软化硬水的功效，可以使肥皂的去污能力得以提高而不是降低；肥皂中的脂肪酸钠与洗衣粉中的烷基苯磺酸钠可产生协同去污效应，提高了二者的去污能力；肥皂能抑制洗衣粉的发泡能力，使衣物易于漂洗。由于二者混用有诸多益处，于是有人制成了高效低泡洗衣粉等新型洗涤剂。

综上所述，我们可以得知肥皂和洗衣粉的基本去污原理是相同的，只是各自的适用范围、效果和洗涤方法有所不同。我们也只有懂得洗涤剂相关的化学知识后，才能更合理地使用它们。

延伸阅读

在洗涤用品中，肥皂的使用历史最长。它的发明缘于一次小小的意外。

古埃及时期，法老胡夫要举办一个盛大的宴会。有一个十岁左右的小帮工，刚刚到王宫的厨房来帮忙，他跟着师傅们从早忙到晚，累得头昏眼花，也不敢坐下来休息一下。

这天，一个厨师在喊："我要羊油，快给我送过来！"小帮工赶紧捧着一碗羊油走过去。也许是因为他太着急了，加上装羊油的碗很滑，小帮工刚把碗端到灶旁，只听"啪"的一声，碗从他手中滑落，掉在灶边的炭灰里。小帮工吓呆了，师傅一点也没有责怪他，悄悄地说："别慌，把破碗丢到垃圾箱里去，再把这堆炭灰清理掉，然后把手洗干净，别让人看出来。"

小帮工赶紧按师傅说的做，当他把混有羊油的炭灰一把一把地捧出去的时候，大家都以为他在清理炉灶。做完这一切，他赶紧去洗手。当他用水清洗的时候，手上竟然出现一些白糊糊的泛着泡沫的东西，他觉得奇怪，又用水冲了冲，发现洗过的手特别干净，一点油腻也没有。以往厨子们最头疼的事就是一双手整天油腻腻的，当他们知道了小帮工的手这么干净的原因后，也用羊油和炭灰的混合物来洗手，果然手上的油渍洗得干干净净。

后来，这件事传到法老那儿，他派人用羊油和炭灰做成一个个小小的球状体供宫里的人洗手用，效果真的很不错。法老非常满意，于是发布命令在全国推广使用。渐渐地，这件怪事越传越远，用的人也越来越多。

但是直到近代，科学家们才发现其中的奥秘。原来，羊油与草木灰的成分发生了化学反应，得到了一种有去污能力的新物质。于是，人们根据这个原理，改进了生产技术，方便、实用的肥皂诞生了。

第九节
神奇的凡士林

当你身体某部分有伤口时，需要几天才能愈合，如果你在伤口处抹上凡士林，伤口会恢复得又快又好。凡士林是什么东西？为什么能让伤口愈合速度加快？除此以外它还有什么作用？读了下面的故事你就能明白其中的道理了。

知识聚焦

凡士林是一种油脂状的石油产品，学名叫石油脂。凡士林用途广泛，除了可作润滑剂、绝缘剂、化妆品、药用油膏、浸润和灌注电容外，还可用作防锈和防水剂。凡士林的发明人罗伯特·切森堡曾经说过："凡士林是万能药。"

切森堡是美国化学家，擅长从鲸鱼脂肪里提取煤油。1859年，美国宾夕法尼亚州发现了石油，切森堡失业了。他不甘心失败，跑到宾州油田，想看看神奇的石油到底是怎么回事。细心的他很快就发现，油田的工人喜欢收集钻井台边上常见的一种黑糊糊的凝胶，把它抹在受伤的皮肤上，据说能加快伤口愈合的速度。切森堡拿了一点回去化验，知道这是一种高分子碳氢化合物，在石油里有很多这种化合物。

切森堡感觉这种东西如果能够制作出来，经过包装一定会大有前景。经过多次试验，切森堡找到了提纯它的方法，最后得到了一种无色透明的胶状物质，无色无味，且不溶于水，并且常见的化学物质都不会和它起化学反应。为了证明它的功能，他故意在自己的腿上割了一刀，然后把这玩意儿涂了上去，结果伤口很快愈合了。

凡士林

1870 年，切森堡成立了一家公司，开始向美国公众销售这种神奇的凝胶。可是没人相信这东西真的有效，销量一直打不开。情急之下，切森堡拉着一车凡士林，当起了走街串巷的蛇油贩子。

那时，美国大街上有很多卖蛇油的小贩，和旧中国卖大力丸的江湖艺人非常相像。切森堡借鉴了蛇油贩子们的做法，每到一处都亲自表演"硬功"，就是当着大家的面用刀把自己割伤，或者用火烧自己，然后自信地涂上凡士林，并向围观群众展示几天前弄伤的伤口的愈合情况。

这个方法果然很有效，凡士林迅速风靡全美国，切森堡发财了。可是，切森堡不是医生，他真的相信凡士林含有一种神秘物质，能够包治百病。有一年，他得了胸膜炎，便让人把自己从头到脚都涂满了凡士林。后来他病好了，更相信凡士林是神药，每天都要吃一勺凡士林。这件事传开后，美国民间掀起了一股凡士林热，不管什么病都用。

科学家对凡士林进行了仔细研究，发现凡士林的化学成分是长链烷，除了极具化学惰性的碳氢化合物之外，一无所有。它不亲水，涂抹在皮肤上可以保持皮肤湿润，使伤口部位的皮肤组织保持最佳状态，加速了皮肤自身的修复能力。凡士林并没有杀菌能力，它只不过阻挡了来自空气中的细菌和皮肤接触，从而降低了感染的可能性。

凡士林的很多疗效都和这两个特性有关。感冒流鼻涕时，可以在鼻子周围涂上凡士林，以免鼻涕擤多了变成个红鼻子。凡士林的护唇效果也是无可比拟的，它的油脂成分还可以让双唇有水亮亮的感觉。

凡士林可以缓解流血的情况，任何小伤口涂点凡士林都有止血的效果。轻微的烫伤涂上凡士林可以减缓疼痛，将凡士林涂在婴儿的屁股上能预防尿布疹。

与市场上其他昂贵的护肤品相比，凡士林的化学惰性使得它对任何类型的皮肤都没有刺激作用，因此，凡士林是目前全世界使用最多，性价比最高的护肤品。

除此之外，凡士林在家具、机械方面的防锈、润滑、补裂痕等方面也有广泛使用。化学实验室中也经常用到凡士林，当两个磨砂玻璃器皿间会直接接触时，若在两玻璃器皿的缝隙间涂上凡士林，玻璃就不会互相咬死以致卡住。最常见的地方就是滴定管中的玻璃活栓上都要涂上薄薄的一层凡士林，以增加扭转时的润滑度，要将玻璃管插入橡皮塞的孔内时，涂上一些凡士林以增加润滑度好让管子容易插入。

延伸阅读

凡士林是一种矿物蜡，它不会被皮肤吸收，但能在肌肤表面形成一道保护膜，使皮肤的水分不易蒸发散失，而且它极不溶于水，可长久附着在皮肤上，因此具有很好的保湿效果，十分适合干燥肌肤使用。

凡士林可用来当作护唇膏、护手霜、擦脸或擦身体，是非常好的保湿用品。另外，凡士林无刺激性，不易变质，也不易造成人体敏感，最适合对一般润肤产品添加的香料、酒精过敏的人。

但是，凡士林只适合极干的皮肤或极干燥的冬天使用，对于偏油性皮肤的年轻人则不适合，因为会阻塞毛孔而引起粉刺等。

第十节
神奇的玻璃

城市建筑除了钢筋和混凝土，还少不了各式各样的透明玻璃。无论是在房屋内，还是在汽车上，透过玻璃，就可以看到外面五颜六色的世界。在医院里、实验室里，到处都可以看到各种形状的玻璃器皿；人们透过显微镜和望远镜，既可以

玻璃墙

观察到微观世界里的奇妙，也可以更深入地了解无边无界的宇宙世界。

在我们的日常生活中，无论是家中摆放的工艺品，还是每日饮水的茶杯、手上的手表，甚至是小孩们手中的玻璃弹珠，每一件都和玻璃制品息息相关。人很难想象，离开玻璃，世界会变成怎样一副模样？

玻璃的化学成分到底是什么？玻璃的发展历程是怎样的？未来的玻璃又会朝着什么方向发展呢？带着这些问题，我们一起来阅读下面的内容。

知识聚焦

其实，早在公元前 2000 年，美索不达米亚人就已开始生产简单的玻璃制品了。但是，真正的玻璃器皿则出现在公元前 1500 年的埃及。从公元前 9 世纪起，玻璃制造业日渐繁荣。到公元 6 世纪前，在罗得岛

和塞浦路斯岛上已有玻璃制造厂。建于公元前332年的亚历山大城在当时就是一个生产玻璃的重要城市。

从7世纪起，阿拉伯一些国家玻璃制造业就很繁荣，他们当时已能够用透明玻璃或彩色玻璃制造清真寺用的灯。

在欧洲，玻璃制造业出现的时间比较晚。18世纪之前，欧洲人都是从威尼斯购买高级玻璃器皿。18世纪时，随着欧洲人雷文斯克罗特发明一种透明性更好的铝玻璃开始，玻璃生产业由此在欧洲兴盛起来，并开始外销。

现代玻璃的生产，大多是用纯碱和石灰石在玻璃窑中烧制而成。普通玻璃的原料是石英石、纯碱和大理石（也可以是石灰石）。

石英石和纯碱在高温下反应生成硅酸钠，石英石和大理石在高温下反应生成硅酸钙，除去反应后的熔渣即得到较纯的玻璃。其中硅酸钠（Na_2SiO_3）、硅酸钙（$CaSiO_3$）分别以 $Na_2O \cdot SiO_2$ 和 $CaO \cdot SiO_2$ 的形式存在。玻璃生产的过程中发生的化学反应方程式如下：

$$Na_2CO_3 + SiO_2 \xrightarrow{\text{高温}} Na_2SiO_3 + CO_2 \uparrow$$

$$CaCO_3 + SiO_2 \xrightarrow{\text{高温}} CaSiO_3 + CO_2 \uparrow$$

玻璃制造出来都是透明的，如果要制造有色玻璃和特殊玻璃，可以在这个基础上再添加其他成分。那么玻璃为什么是透明的呢？要想弄清楚这个复杂的问题首先得弄清楚下面这个问题：一些物质为什么是不透明的？物质不透明的原因有三个：

1.由于自由电子的阻挡作用导致的不透明，这是金属不透明的原因。

2.能吸收光线的物质导致的不透明，分子里往往有苯环、苯醌、联苯胺或其他共轭体系的结构，这种结构可以降低电子的激发能，使电子容易发生跃迁而吸收光子的能量。这样光线就被吸收了。

3. 由于透明物质的结构被破坏而造成的不透明，如玻璃是透明的，而玻璃粉则是不透明的；冰是透明的，而冰被砸碎了就是不透明的了。如果一种物质它的结构特点不符合 1、2，那它就是可以通过光线的，但如果它的结构里有很多小空隙，那它就是白色。这就是白色物体不透明的原因。

如果一种物质的结构里既没有自由电子，又没有容易激发的电子，且物质的结构又很紧密，没有许多孔隙等条件，那该物质就可以通过光子，即是透明的。

现代生活中，随着科学技术的不断发展，能满足人们各种各样需求的"智能玻璃"的出现使玻璃再次成为人们关注的焦点。

1. 冬暖夏凉的玻璃

英国科学家发明出一种能起着空调作用的玻璃，他们在玻璃的表面涂抹了一层超薄物质——二氧化钒和钨的混合物。当天气寒冷的时候，二氧化钒能吸收红外线，产生温热效应，从而提高室内温度。相反，窗外温度过高时，两种黏合在一起的物质的分子发生相应变化，反射红外线，从而使室内温度变得凉爽。在这层神秘的涂层中，最有

新型玻璃

"智能"的核心就是其中所含的 2% 的钨，它能决定二氧化钒到底是吸热还是散热。

2. 能自我清洁的玻璃

美国科学家们已研制出一种叫"莲花"的特殊玻璃，一旦污垢附着到"莲花"身上，它的表面就会在阳光的作用下产生具有强氧化能力的电子空穴对。电子空穴对可以和空气中的氧气和水分子相作用，

产生负氧离子和氢氧自由基。在强烈的氧化还原反应中，"莲花"将附在其表面的各种有机物分解为水和二氧化碳。最后，"莲花"又经过雨水的洗礼，涤荡掉从其表面脱落的剩余污垢，洁净的外表再次熠熠生光。

3. 可代替窗帘的玻璃

美国科学家正在研发一种采用电控材料来调整透光率的玻璃，这种玻璃的奥秘在于它是两块普通玻璃中间加了层通电的液晶分子膜。当没有电流通过薄膜时，液晶分子在自由状态下呈无规律排列，入射光被散射，玻璃变暗；当通电施加磁场后，液晶分子呈垂直排列，允许入射光通过，玻璃便透明起来。也就是说，人们只需通过调整电压的高低来调节玻璃的透光率，从而替代窗帘的开合。

💡 延伸阅读

在 3000 多年以前的一个阳光明媚的日子里，有一艘腓尼基人的大商船来到地中海沿岸的贝鲁斯河河口，船上装了许多天然苏打的晶体。由于船员们没有掌握这里海水涨落的规律，出发没多久大船就搁浅在离河口不远的一片美丽的沙洲上了。被困在船上的腓尼基人索性跳下大船，奔向这片美丽的沙洲，他们在沙洲上尽情嬉戏，等待涨潮后继续行船。

中午到了，他们决定在沙洲上埋锅造饭。可是沙洲上到处是软软的细沙，竟找不到可以支锅的石块。有人突然想起船上装的天然结晶苏打，于是大家一起动手，搬来几十块垒起锅灶，然后架起木柴烧了起来。饭很快做好了，当他们吃完饭收拾餐具准备回船时，突然发现做饭的灶下有种东西晶莹发光，十分好看。大家都不知道这是什么东西，以为发现了宝贝，就把它收藏了起来。原来，晶莹发光的东西就是在烧火做饭时，支着锅的苏打块在高温下和地上的石英砂发生化学反应形成的玻璃。

聪明的腓尼基人意外地发现这个秘密后，很快就学会了玻璃制作方法，他们先把石英砂和天然苏打搅拌在一起，然后用特制的炉子把它们熔化，再把玻璃液制成大大小小的玻璃珠。这些好看的珠子很快就受到外国人的欢迎，一些有钱人甚至用黄金和珠宝来兑换，腓尼基人由此发了大财。

第十一节
无处不在的水

从古代开始，许多科学家就对水非常着迷。古希腊哲学家泰勒斯就把水看作一种基本元素。直到 1774 年，卡文迪什明确地告诉我们，水是由氢元素和氧元素形成的化合物。从此以后，水成了化学家们研究得最多的物质，但至今人类对水的认识仍然只是冰山一角。

知识聚焦

水分子的分子式是 H_2O，2 个氢原子连接在 1 个氧原子上，呈 V 字形排列。然而，也很少有比水的性质更难以捉摸的物质。例如，H_2O 的姊妹分子 H_2S 是气体，水本应像硫化氢一样也是气体，它却是液体。

水

为什么水是液体呢？原因就在于它所含的两个氢原子上。氢原子就像一种化学黏合剂，通过氢键把一个个的水分子"粘"起来。在水的液体状态下，这些氢键不断地形成—断裂—形成。但当固态的冰形成时，氢键会锁定成开放式的框架，就像许多分子垒成的蜂巢。这个框架比水轻，所以能浮在水面上。如果水冷冻后形成的是紧密而牢固的固体，则这个世界就完全两样了，北极就会是一个新的大洋底部的大固体块。

水是地球上的一种物质，有了水才有了万物才有了生命，有了水人类才得以生存、繁衍。水是人类生命的摇篮。

水在人的体重中约占 70% 的比重。事实上，几乎体内各种生命活动如消化、吸收、循环、排泄等都需要水的参与。水也是把营养传送到全身各部的主要运输者。

水有助于维持正常体温，携带废物排出体外。因此，每天补充经由汗及尿液损失掉的水分是很重要的。要使身体功能正常，每日必需喝至少八杯水（2000ml）。我们的身体可以大约五天不进食，但不能五天以上不喝水，人体缺乏 5% 的水会口渴，而缺乏 15% 的水就会威胁生命。

世界卫生组织调查指出，人类疾病 80% 与水有关。据统计，每年世界上有 2500 万名以上的儿童因饮用被污染的水而生病致死。有关资料显示，我国有 24% 的人饮用不良水质的水，约 1000 万人饮用高氟水，约 3000 万人饮用高硬质水，约 5000 万人饮用高氟化物水，而这些数据每年均呈上升趋势。到目前为止，美国饮用水中被发现的化学污染物已超过 2100 种，其中已确认是致癌物和可疑致癌物的有 97 种，另有 133 种是有毒污染物或会导致人类基因突变，其余 90% 的污染物中有没有或有多少是致癌物，目前还未能确定。

人们常说"病从口入"，喝水与疾病之间的确存在着某些因果关系。当然，也不是说喝水就一定会导致疾病，关键是看你喝什么水。日常生活中，常喝以下 5 种水对人体是有害的：

1. 生水：喝生水，易引起胃肠炎、肝炎、痢疾。

2. 老化水：就是长时间贮存不动的水，其中的有毒物质会随着水贮存时间的增加而增加。

3. 千滚水：千滚水就是在炉上沸腾了一夜或很长时间的水，还有电热水器中反复煮沸的水。久饮这种水会干扰人的胃肠功能，出现暂时腹泻、腹胀；有毒的亚硝酸盐还会造成机体缺氧，严重者会昏迷惊厥，甚至死亡。

开水

4. 蒸锅水：蒸锅水就是蒸馒头等的剩锅水，多次反复使用的蒸锅水亚硝酸盐浓度很高。常饮这种水，或用这种水熬稀饭，会引起亚硝酸盐中毒。

5. 不开的水：人们饮用的自来水，都是经过氯消毒灭菌处理过的。氯处理过的水可分离出13种有害物质，其中的卤化烃、氯仿还具有致癌、致畸作用。当水温达到100℃，这两种有害物质会蒸发而大大减少，如继续沸腾3分钟，则变得安全。

延伸阅读

近来，化学家已掌握了一种把普通水变成超临界水的方法，使水能够具有许多奇特的性质。

在标准大气压下，水的沸点为 100℃；在珠穆朗玛峰上，只需 75℃ 水就会沸腾，因为那里的气压下降了；在矿井的最深处，需要比 100℃ 再高几度水才能沸腾。于是，科学家们通过持续加压，发现在 220 个大气压下水的沸点达到最大值 374℃。一旦超过这一临界温度，无论压力继续加大到什么程度，液态的水就不存在了。这时的水变成了一种所谓的超临界流体，虽是气体却具有液体的性质。

在超临界的状态下，水能够溶解几乎所有的东西，甚至包括油。当它溶解油时，这种流体的体积会突然缩小一半以上。更令人惊奇的是，有机材料在这种流体中会"燃烧"，也就是说会被裂解成更简单的分子。作为一种可选择的方法，有人建议使用超临界水来焚化下水道排出的污物，这些污物能够被溶解成晶莹剔透、无味、无菌的溶液。

把氧气注入超临界水中，它就会变成一种强氧化剂，能够分解一些最难分解的有毒废料。在美国，一些科学家正在用这种方法来处理不需要的火箭燃料、炸药和化学武器。

在超临界水中，化学物质会反应得更快，有些反应的速度甚至能达到普通条件下的 100 倍。超临界水的麻烦在于它能够缓慢地腐蚀几乎任何一种金属，甚至包括黄金。研究者们现在面临的问题是找到一种能够用于制造抗超临界水腐蚀的压力容器的材料。

第四章
化学与药品

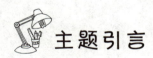 **主题引言**

　　我国传统中医已有几千年的历史传承，从神农尝百草与《黄帝内经》到李时珍与《本草纲目》，体现了实践与理论的结合。到近代，随着生物学与化学的兴起，西医逐渐得到发展。利用化学合成药物，用以抑制细菌和病毒，保障人体健康，正受到越来越多的关注。

第一节
古老而神奇的药——阿司匹林

头痛发烧时，阿司匹林是医生给我们的首选药物。有经常发烧的老病号甚至总结出"感冒发烧，阿司匹林三包"的经验。目前阿司匹林已经被世界医学界公认为功能最多的药物，它可用来退烧、消炎、治疗关节炎、消除牙周肿胀和抗血栓，阿司匹林因此获得了"创造奇迹的特效药"的美称。阿司匹林的应用前景十分灿烂，继续在发挥"老兵新传"的作用。

阿司匹林这种神奇的药物是谁发明的？它为什么能退烧？这还得从古人治病的习惯说起。

发烧

知识聚焦

在很久以前，古人就用嚼食杨柳的根皮和树叶来治疗大部分由普通疾病引起的发热和疼痛。并且，这一方法在世界很多地方都有流传，在我国很多诗歌里面也有记载。古埃及、古希腊、古印第安等古文明国度关于用杨柳治疗发热疼痛的记载也比比皆是。名医希波克里特就在自己的医学专著里面提到了杨柳的这些具体用处。

古代人在关于药物的疗效方面很擅长直接联想，尤其是通过观察动物得到启示。他们认为万事万物都是相生相克的，一件东西它能够克制什么，它就能够有某种物质帮助普通人也克制什么。

比如，杨柳为什么能够长在河边？杨柳为什么喜欢长在河边？我们人类如果住在河边，就很容易出现关节炎症。古人通过这种对比，猜测杨柳内一定含有某种物质，并且这种物质特别耐潮，所以才能让杨柳顺利地在河边生长。

如果我们将这种物质找出来，是不是就可以把它利用起来，最终治疗好人类的关节炎症呢？类似的例子古代已经有了很多，既然想到了，自然会有勇于实践的人去尝试，古代的验证方法是比较粗放的，一般就是直接弄来各个部分食用。最终，通过多次的尝试，人们发现杨柳的根和皮确实具有减轻疼痛和防止关节炎复发的效果。

1763 年，英国医生斯通向皇家学会提报了柳皮粉在治疗疟疾上的特效。

1828 年，法国和意大利的医学家、化学家开始对柳皮进行化学意义上的研究，并且在不断的分解和观察后发现了我们现在说的活性成分——水杨苷，也就是我们常说的水杨酸。它是根据柳树的拉丁名演化来的，而且这种物质在味觉上有些微酸。

随后，德国的化学家们实现了对这种酸味和苦味交杂的活性成分水杨苷的人工合成，意味着这种药物有了批量上市的可能性。

1897 年，德国化学家费利克斯·霍夫曼产生了改良这种药物的想法。因为他的父亲在使用水杨酸的时候非常不喜欢这种人工合成的水杨苷的刺鼻味道，更是无法忍受随后带来的大量副作用，于是霍夫曼在自己的实验室里尝试着改良这种药物。在经过多次的实验后，他在水杨苷里添加了一个乙酰基后达到了自己的目的，这种被称为乙酰水杨酸的东西，就是我们现在常用的阿司匹林。

为什么阿司匹林有止痛作用呢？原来人感到疼痛是因为体内产生了一种化学物质——前列腺素，受损组织中的正常细胞可通过一种名为COX-2（环氧化酶-2）的酶生成这种化学物质。COX-2酶是一种由人体内的细胞产生的

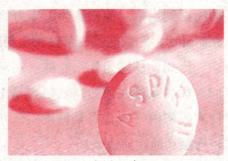

阿司匹林

蛋白质，用于提取在身体各组织内浮游的化学物质，然后将其转化成前列腺素。

由于前列腺素的存在，感受撞击的神经末梢将发出一种很强的信号，该信号依次通过手部和手臂的神经到达颈部，然后进入大脑，大脑随即便可确定该信号意味着疼痛。前列腺素不仅能感受到受损部位的疼痛，还能导致该部位发生肿胀（称为"发炎"）。以上过程仅仅是一个简化的疼痛作用过程，实际上在这个过程中还会涉及很多其他化学物质，而不仅仅是前列腺素。

而阿司匹林可粘住COX-2使之失去功能，这就好像将自行车锁住了一样。自行车因上锁无法运行，同样COX-2因被阿司匹林粘住而失去功效。尽管服用阿司匹林并不能治愈疼痛的根源，但它可以减弱通过神经传递到大脑中的信号，以此来缓解疼痛。

科学家们在进一步研究后发现，前列腺素在体内很多组织中都有。它具有复杂多样的功能，包括调节血管、肠胃和膀胱中平滑肌的收缩，调节痛感与发炎，甚至调节血小板的凝集。所以，除了传统的治疗发热、疼痛和发炎，阿司匹林也可用作抗血凝剂治疗凝血引起的血栓症。大规模的临床实验结果表明，适当的小剂量可阻止血小板凝集导致的中风和心肌梗死。

近十年来，随着科学家们对前列腺素生理作用和许多疾病机制的研究越来越深入，科学家们发现阿司匹林还可能对某些癌症，以及白内障、齿龈疾病、孕期内高血压、糖尿病、偏头痛和老年痴呆症等有预防和治疗作用。

阿司匹林的药物用途随着生物和医学的发展与时俱进。到 1999 年，阿司匹林百岁生日之年，关于阿司匹林的科学论文已经超过了 3000 篇，而且绝大部分发表在 20 世纪 80 年代以后。

延伸阅读

与所有药物一样，阿司匹林也并非完美无缺，它会给人体带来一些副作用。在身体的其他部位，前列腺素也会对正常的组织（如血液）起到一定的作用。一种名叫 COX-1 的酶可生成前列腺素，能保护胃黏膜并使其增厚，而阿司匹林却抑制了 COX-1 的功效（它抑制了大部分前列腺素的正常生成）。服用阿司匹林后，人体的胃黏膜就会变薄，从而受到内部消化液的刺激引发胃部不适。如果不小心将手指锤破了流血，服用阿司匹林可以缓解疼痛和肿胀，但伤口可能需要更长的时间才能凝血。

为了避开这些副作用，化学家们发现了其他一些功效与阿司匹林相似的物质，这些物质对于阿司匹林而言具有扬长避短的作用。随着时代的发展和科技的进步，阿司匹林家族的更多新药会被合成，化学技术会在药物合成中发挥越来越重要的作用。

第二节
降服糖尿病——胰岛素

糖尿病是由于人体内血液中的血糖含量过高而导致器官的功能障碍性疾病，它是一种严重危害人体健康的疾病。多年来，医学界一直致力于对糖尿病的研究。

知识聚焦

人体内有一种胰岛β细胞，这种细胞是人体分泌胰岛素的主要机体。糖尿病发生的本质是自由基和病毒攻击胰岛β细胞，使其结构受到损伤，导致胰岛β细胞功能异常。

糖尿病因血糖代谢异常，使大部分营养物质从尿中流失而引起人体消瘦。除此之外，糖尿病还可引发白内障、肾炎、心脏病等并发症，有时也会引起皮肤瘙痒，使人难以入睡而痛苦不堪。

传统治疗糖尿病的方法一般是控制饮食。通常糖尿病人每天的饮食热量都需要控制在1千焦以内，这就是最常用的糖尿病控制方法。

但是饥饿疗法是治标不治本的，也许会让病人短期不至于暴毙，但是却会导致营养严重不足，患病者会出现各种并发症，并且不断消瘦直到死亡。因为人体的胰岛β细胞不够用了，这就导致病人没有能力去吸收营养物质。

在胰岛素发明之前，很多得了糖尿病的人都是这样慢慢死去的，糖尿病几乎是一种最让人难受的绝症。

1920 年以前，随着胰腺解剖生理的发展，一些从事糖尿病工作的人意识到，胰腺在糖尿病的发病中可能发挥了很重要的作用，英国医生班廷大夫就是其中一位。

我国科研人员首次人
工合成结晶牛胰岛素

1920 年，班大夫移民到了加拿大，尝试进行糖尿病和胰腺的关系的研究。多伦多大学的麦教授为他提供经济上的支持，并配备一位最好的学生帮助他。1921 年夏天，班大夫和助手开始了工作。

一开始的实验设计是，为了证明胰腺很重要，班大夫把狗的胰腺切掉，看看会出现哪些状况。

经过多次练习，手术水平大幅度提高，那些被切除了胰腺的狗活过了手术这一关，可几天之后还是死了。经过检测狗的血糖发现，这些狗都快成蜜制的了，血糖比正常狗体内的血糖值高无数倍。麦教授听到了这个重大进展，很受鼓舞，确认了胰腺肯定和糖尿病有直接关系。

经过讨论，班大夫认为下一步应该把摘下来的胰腺再放回去，看看糖尿病能不能得到缓解。但整个胰腺放回去手术难度太大，有人建议不行就把胰腺弄碎，再把胰腺里的水打回去。班大夫决定试试这样做的效果，他安排助手从胰腺匀浆里分离有效成分，他们管这个提取液叫胰岛素。经过很多次的试验，有一天他们发现胰腺提取液降低了糖尿病狗的血糖，他们的实验终于成功了！至此，班大夫终于明白糖尿病人患病的原因。

1922 年，在多伦多大学的医院里，一位患糖尿病的孩子正在等待死亡，班大夫决定用他们自制的狗胰岛素试试。结果却让所有人都为之兴奋了，本来快死的孩子，注射了胰岛素后没几天就可以满院子乱跑了。这是一个极其重要的发现，这项伟大的医学发明挽救了无数糖尿病人的性命。

为了让更多的糖尿病人得到有效的医治，班大夫和他的团队着力寻找胰岛素与人类接近的动物，他们发现牛胚胎的胰岛素和人类的十分接近。为了安全起见，他们将牛的胰岛素进行净化后注射到一个 14 岁男孩的身体内，男孩神奇地康复了。糖尿病能治疗的消息一传开，世界各地的糖尿病患者都来到多伦多寻找最后的希望，班大夫成了名人。

后来的一段时间里，治疗糖尿病的方法就是从屠宰场拿到冷冻的牛和猪的胰脏磨碎，然后从这些磨成粉的胰脏中提取纯的胰岛素对病人进行注射。但是，这样只能满足少部分病人的需求，全球还有无数糖尿病患者期待着有人把他们从残酷的饥饿疗法中解救出来。

班大夫此时也面临着一个难题：如何大量地制造胰岛素？如果能找到新办法大量生产胰岛素，糖尿病人就可以生存。如果没有办法进行大规模生产，这些刚刚体验到胰岛素效果的病人只能死去。

随着消息的传播，英国开始帮助班大夫他们提取胰岛素，会做生意的美国礼来公司试着从来源更充分的猪胰腺里提取胰岛素。一位丹麦人在回丹麦的船上听说这件事后，一回国就组建了一家生产胰岛素的公司，后来发展成著名的诺和诺德公司。

两年以后，班大夫获得了诺贝尔医学奖。又几年之后，英国国王授予班大夫爵士勋章。美国糖尿病协会成立后，以班大夫的名字命名了一项糖尿病界的"诺贝尔奖"叫班廷奖，以纪念他为糖尿病的治疗做出的杰出贡献。

之后的很多年，胰岛素一直是从猪胰腺里提取，后来胰岛素卖到了中东，才做了些牛胰岛素。1965 年，我国在世界上首次用人工方法合成了结晶体牛胰岛素，但在产业化上一直没有大的发展。

20世纪90年代，礼来和诺和诺德相继推出了基因重组的人胰岛素，彻底解决了动物胰岛素容易使人体产生抗体的问题。胰岛素注射方式也有了很大的改进，从普通的注射器到胰岛素专用注射器，再到胰岛素笔。现在微电脑也用到了胰岛素的注射器里，那就是胰岛素泵。

延伸阅读

为什么胰岛素对糖尿病有如此显著的疗效？

近年的研究表明，几乎体内所有细胞的膜上都有胰岛素受体。胰岛素能促进组织细胞对葡萄糖的摄取和利用，加速葡萄糖合成为糖原，贮存于肝和肌肉中，导致血糖水平下降。胰岛素缺乏时，血糖浓度升高，如超过肾糖阈，尿中将出现葡萄糖引起糖尿病。

除此以外，胰岛素还能促进葡萄糖进入脂肪细胞。除了用于合成脂肪酸外，胰岛素还可转化为 α- 磷酸甘油。脂肪酸与 α- 磷酸甘油形成甘油三酯，贮存于脂肪细胞中。

同时，胰岛素还能抑制脂肪酶的活性，减少脂肪的分解。人体内胰岛素缺乏时，出现脂肪代谢紊乱，脂肪分解增强，血脂升高，加速脂肪酸在肝内氧化，生成大量酮体。由于糖氧化过程发生障碍，不能很好地处理酮体，以致引起酮血症与酸中毒。

胰岛素对机体的生长有促进作用，但胰岛素单独作用时，对生长的促进作用并不很强，只有与生长素共同作用时，才能发挥明显的效应。

第三节
手术的助手——麻醉药

病人在做外科手术时，医生会给病人注射麻醉剂，以使病人失去知觉，全身肌肉放松，便于进行手术。手术结束后，病人的知觉恢复正常，会感到做手术的地方十分疼痛。为什么麻醉剂能使人暂时失去知觉？它是由谁发明的呢？

知识聚焦

早在东汉时期，我国著名医学家华佗就发明了麻沸散。麻沸散的问世，对外科学发展起了极大的推动作用，对后世的影响深远。

《后汉书》中有关于外科手术的记载："若疾发结于内，针药所不能及者，乃令先以酒服麻沸散，既醉无所觉，因刳破腹背，抽割积聚。若在

华佗

肠胃，则断截湔洗，除去疾秽，既而缝合，傅以神膏，四五日创愈，一月之间皆平复。"

这段文字描述的其实就是一个现代化的外科手术过程。早在2000多年前，这位了不起的医生就已经能进行割除肿瘤的手术，华佗是当之无愧的世界外科手术第一人。他发明的麻醉剂，也就是麻沸散，比

世界上其他国家足足早了 1000 多年。但是，由于种种的原因，华佗的麻沸散配方失传了。

100 多年前的西方，外科医生施行手术完全不用麻醉药。动手术时，几个强壮的男人把病人按住，防止他因怕疼而逃跑。医生甚至先用酒把病人灌醉，或把病人打昏，或用冰把动手术的部位冻麻才动手术。随着笑气、乙醚、氯仿等具有麻醉作用的物质相继被发现，医生在外科临床手术中开始使用麻醉药来减轻病人的痛苦，降低手术难度。最先使用的麻醉药是笑气。

1844 年，美国化学家科顿在街头用笑气进行表演，他告诉观众，谁愿意吸一点笑气，就会高兴发笑。有个叫库克的年轻人吸了笑气后，变得兴奋异常，连跑带跳，跌了一跤，虽然鲜血直流，他却一点也不觉得痛。

这个情景刚好被牙科医生韦尔斯注意到了，他平时接触了大量因为拔牙而挣扎的病人。看到笑气似乎会让人意识不到疼痛，那么是不是可以用于拔牙呢？于是，韦尔斯首先选择了在自己的身上做试验，他在吸了笑气以后自己对自己进行拔牙手术，居然完全没觉得痛。

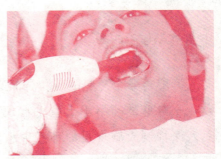

无痛拔牙

韦尔斯发现笑气的确可以让拔牙的人暂时失去知觉，而且让病人身心都处在一个兴奋状态中。但是，笑气对每个人的效果不同。有一次韦尔斯给人拔牙时，病人就痛得大叫，说韦尔斯是一个骗子，说不可能有什么无痛拔牙。

于是韦尔斯和他的助手莫顿开始寻找更好的麻醉药。他向化学家杰克逊求教，杰克逊告诉他可以试试乙醚的麻醉效果。他先用猫狗做试验，一试果然有效。接着自己也用乙醚进行试验，证明确有麻醉作用。后来莫顿将乙醚用于手术前的麻醉，病人在手术时一点也不觉得疼痛。1846 年，莫顿在波士顿利用乙醚麻醉做拔牙示范，将这一发明推广到了世界，全世界范围都开始采用乙醚作为麻醉药。

再后来，英国人又在研究中发现了氯仿，这也是一种非常有效的麻醉药，尤其是在孕妇分娩的时候，能够有效缓解孕妇的阵痛。

现在新型麻醉药在临床上广泛使用，病人可以接受心脏移植、整容、切除恶性肿瘤等大手术而毫无痛楚。倘没有早期使用麻醉药的尝试，今天许多外科手术就不可能进行。麻醉药堪称医学史上一个具有里程碑意义的重大发明。

延伸阅读

麻醉药分全身麻醉药和局部麻醉药两种。

全身麻醉药用于大型手术或不能用局部麻醉药的患者。麻醉药由浅入深抑制大脑皮层的神经中枢，使人神志消失。全身麻醉药可分为两类：吸入性麻醉药和静脉注射麻醉药。静脉注射麻醉药的麻醉诱导时间一般比吸入性麻醉药来得快，从注射到失去眼睑反射只需 30 ～ 50 秒。因此，静脉注射麻醉药通常被用来诱导麻醉，而吸入性麻醉药则被用来维持麻醉状态。

局部麻醉适用于小型手术或局部手术。局部麻醉药注射到神经根节丛的周围，降低神经细胞膜对钠离子的通透性，阻断神经冲动的传导，起局部麻醉作用。

第四节
伤口消毒杀菌剂——紫药水和酒精们

生活中磕磕碰碰在所难免，一不小心皮肤就可能受到外伤，为防止伤口发炎，通常会在受伤的部位涂上药水。常用的外用杀菌消毒药水有红药水、紫药水、医用酒精、碘酒和双氧水等。这些药物为什么能杀菌消毒呢？如果你知道它们的化学成分，就会明白它们杀菌消毒的道理了。

知识聚焦

一、紫药水

紫药水其实是指质量分数为 1%～2% 的龙胆紫溶液，这里面的龙胆紫本身是一种染料，但是医学家发现它的成分属于碱性阳离子，这种阳离子能与细菌蛋白质的羧基结合，我们说防止发炎其实就是防止细菌感染。

紫药水杀菌力强，对葡萄球菌、白喉杆菌、白色念珠菌都有较好的抗菌作用，而对细胞组织没有刺激性，也没有毒性和副作用。

紫药水涂于患处皮肤，可以防止细菌感染和局部组织液的外渗，与坏死组织结合形成保护膜，起到收敛作用。紫药水适用湿疹、鹅口疮、口腔溃疡、舌炎等症，效果很好。但是对于深部感染，紫药水没什么效果；对已经化脓的伤口表面，紫药水就更不适合了。因为紫药水能使伤口表面结上一层痂，而在痂的保护下，伤口的细菌可能继续蔓延，向深部侵入反而使病情加重；对于较大面积的伤口，涂上紫药水后可能会留下紫色疤痕。

二、医用酒精

医用酒精的成分主要是体积分数为75%的乙醇。酒精对皮肤消毒效果很好，医院里常用于注射前皮肤的消毒。但是酒精对伤口的刺激性很大，所以一般不用作伤口消毒。

医用酒精

75%的酒精之所以具有杀菌的效果，与酒精分子的结构有关。酒精分子有两个末端，一端是憎水的（$-C_2H_5$），可以破坏蛋白质内部憎水基团之间的吸引力；一端是亲水的（$-OH$），但它难以破坏蛋白质外部的亲水基团之间的吸引力。水分子虽然可以松弛蛋白质亲水基团之间的吸引力，但它即使钻进细菌内部，也无法破坏其蛋白质中憎水基团之间的吸引力。

所以，纯酒精或水都不足以使细菌内的蛋白质变性，只有酒精和水共同存在，细菌蛋白质才会失去生理活性。因此，只有一定浓度的酒精溶液，才能达到良好的消毒杀菌效果。

但是，酒精深度过高或过低时，杀菌作用也不理想。高浓度的酒精会在细菌表面形成一层保护膜，阻止其进入细菌体内，难以将细菌彻底杀死。若酒精浓度过低，虽可进入细菌，但不能将其体内的蛋白质凝固，同样也不能将细菌彻底杀死。另外，也不要长时间使用75%的酒精消毒，因为同种消毒液长时间的运用可能会造成菌体对消毒液的耐抗性，降低甚至失去灭菌的效果。

三、双氧水和碘酒

双氧水就是过氧化氢溶液，这是一种刺激性非常小的消毒液，不但可以消毒而且还防腐、防臭，经常被用来做伤口的清洗消毒。

双氧水在擦拭创面时，你会看到大量的白色的小气泡产生，而且创口的表面会被氧化成白色，患者会产生轻微的灼烧感。这个时候直接用洁净的清水稍微冲洗一下，你就会看到肤色迅速复原。医用双氧水浓度非常低，大概等于或低于3%，它能够有效地杀死细菌。

碘酒

碘酒也叫碘酊，是碘和碘化钾的酒精溶液，能渗入皮肤杀死细菌。碘酒具有强大的杀灭病原体作用，可以杀灭细菌、真菌、病毒、阿米巴原虫等，可用来治疗许多细菌性、真菌性、病毒性等皮肤病。

碘酒是通过氧化细菌原浆蛋白的活性基团，并与蛋白质的氨基结合而使其变性来杀死细菌的。2% ~ 3% 浓度的碘酒用作皮肤消毒，1% 浓度的碘酒用作口腔黏膜消毒。

碘及其溶剂酒精均有挥发性，故应密封，避光并置阴凉处保存。同时，此药不宜久存，因碘有氧化性，放久后可发生化学变化而生成有害物质，使杀菌性降低。

💡延伸阅读

红药水也被称为"二百二"，因为它经过了二百二十次实验，才最终能够成功面世。

红药水其实是2%的汞溴红溶液，这种溶液在消毒杀菌上效果比较弱，只适合于新鲜小面积的皮肤黏膜创伤，但是因为相对比较温和，也可以用来进行外科、五官科小手术前的皮肤和泌尿道消毒。

汞溴红溶液中含有汞离子，能够使病毒中的蛋白质变性，所以红药水能够起到杀菌的作用。它虽然刺激小，穿透力也很弱，但是有时候会出现过敏反应。因为含有金属汞，而且消毒能力又不可靠，这种对人体有一定毒害的消毒药水已经慢慢退出了主流世界。但值得肯定的是红药水确实刺激性小，而且防腐作用非常温和，对人体而言比较容易接受。

有的人就认为，既然都是消毒药品，都有消毒作用，那么两种药水肯定可以一起用，涂抹一点红药水，再涂抹一点紫药水或碘酒，也许消毒的作用会更好。

其实这是一种非常危险的用药方法，因为红药水里的汞溴红和碘酒里的碘相遇时，会生成碘化汞。碘化汞是一种剧毒物质，对皮肤黏膜及其他组织会产生强烈的刺激作用，甚至引起皮肤损伤、黏膜溃疡。含量过高的碘化汞如果进入人体，就会导致汞中毒，还会使牙床红肿发炎，严重时会引起疲乏、头痛、体温下降等症状。所以，千万不能同时使用碘酒和红药水。紫药水与红药水一起使用也会发生化学变化，会使其疗效明显降低或完全失效，所以它们之间不能混用。

与红药水和紫药水相比，碘的杀毒作用更强大且刺激性更小，消毒效果较好，在医学上使用范围更广泛、更安全。医用酒精和双氧水也是安全无副作用的消毒杀菌剂，常用作伤口的清创处理。合理使用伤口消毒杀菌剂，能有效防止细菌的感染，给人体健康提供更多的保障。

第五节
胃病的治疗——胃舒平

胃酸可以帮助消化，但如果胃酸过多反而会伤及胃、十二指肠，甚至将黏膜、肌肉"烧破"，造成胃溃疡或十二指肠溃疡等疾病。当你吃比较酸的食物时，如梅子、醋等，就会更加刺激胃酸的分泌，这时胃酸便会渗透到已经破损的胃黏膜（溃疡），从而刺激胃肠而发生疼痛。胃病一旦发作，人痛不欲生，如果服用胃舒平或小苏打，疼痛就会得到缓解。为什么这两种药有如此神奇的效果？这还得从胃分泌的胃酸和胃药中的化学成分说起。

胃痛

知识聚焦

为了对食物进行消化，人的胃会分泌出胃液。胃液的成分包括胃蛋白酶和盐酸。其中，胃蛋白酶是一种蛋白质，它属于消化酶的一种，对人体不会造成伤害。但是，盐酸是一种腐蚀性很强的酸，对胃壁有一定的损害作用，会造成一些细胞的死亡。如果胃液过多的话，胃液在流经胃、十二指肠等时会造成肠胃的黏膜、肌肉被"烧破"，那么人体自然就生病了。我们说的胃溃疡、十二指肠溃疡、胃穿孔等疾病就都是由于胃酸的腐蚀而造成的。

不过，我们的胃自身也有修复功能。研究资料表明，胃的表面每分钟能够产生约 50 万个新细胞，因此这种损害仅仅是暂时的，胃能很快复原。

当然，只靠胃的再生能力的保护作用还不够，在胃壁上还具有很多的保护层。

胃壁覆盖着一层厚厚的被称为胃黏膜的上皮细胞，它与胃液直接接触，使带有腐蚀性的胃液不能渗入到胃的内壁。由于胃黏膜具有特殊的保护作用，所以，我们的胃可免遭或只受到轻度的酸液侵蚀。

在胃壁上皮细胞上面还覆盖着薄薄的一层碳水化合物，即所谓的糖体层，它可以进一步加强对胃的保护。另外，在胃壁里层，还覆盖了一层由脂肪物质组成的类脂体的物质，此类物质对盐酸的氢离子和氯离子具有很强的阻碍作用。

近年来，科学家发现胃黏膜上皮细胞能不断合成和释放内源性前列腺素，它对胃肠道黏膜也具有明显的保护作用。

在胃自身的层层保护下，盐酸很难对胃形成伤害。但这并不是绝对的，随着我们年龄的增长和肠胃功能减弱以及饮食的不规律，这就让我们在胃疼时不得不选择胃药。

胃药的主要成分是氢氧化铝、三硅酸镁和具有解痉止痛作用的颠茄浸膏。氢氧化铝和三硅酸镁能与胃液混合后形成凝胶状覆盖胃黏膜表面，具有缓慢而持久的中和胃酸及保护胃黏膜的作用；颠茄浸膏能发挥解痉止痛的作用。

除了这种胃药，小苏打对于胃病也有一定的疗效。小苏打的化学成分是碳酸氢钠，这种药品比氢氧化铝易溶于水，也是呈碱性，可以中和胃酸。但是小苏打不适合真正胃酸过多的病人，因为小苏打和胃酸反应会释放出来大量的 CO_2，这种气体会在短时间内大量冲击胃黏膜，让胃黏膜发生更严重的受损，甚至会造成胃穿孔，反而会加重病情。

因此，胃病患者在治病用药之前首先要明确胃病的具体性质，属于哪种胃病，然后再采取合适的有利于病人康复的药，这才是最重要的。科学的发展，对于胃病的治疗已进入一种无痛的状态，对于很多胃病患者而言无疑是一种福音。

延伸阅读

所有的疾病，除了采用药物治疗外，更重要的是平时的休养。以下是胃病患者平时应注意的休养方法：

1. 定时定量进食。胃酸分泌具有一定的规律性，如果破坏了胃酸分泌的正常规律，则会导致胃病。因此，平时应该准时准点用餐，每餐的进食量应适度，不要过饥或过饱。

2. 提倡戒烟和适量饮酒。吸烟可使胃部血管收缩，减少胃部血液供应，同时抑制胃黏液的分泌，加重胃黏膜损害；适量饮用低度酒，能增加胃部血管的血流量，但过量饮酒则会直接破坏胃黏膜屏障，引起胃黏膜充血、水肿、糜烂，甚至出血。

3. 注意饮食卫生。把住"病从口入"关，做到便后、饭前洗手；生吃瓜果要冲洗干净，避免食物污染上致病细菌。

4. 不乱服损伤胃肠的药物。阿司匹林、消炎痛、保泰松、扑热息痛、强的松等药物会破坏胃黏膜屏障，或刺激胃酸、胃蛋白酶的分泌，减弱胃黏膜的保护作用。若病情需要长期服用刺激性药物时，应饭后服用，以减轻其对胃部的刺激作用，并同时服用胃黏膜保护剂。

第六节
抗菌消炎药——磺胺药

说起抗菌药，不得不提到第一种投入使用的抗菌药——磺胺。在磺胺问世之前，医生们对于炎症，尤其是对流行性脑膜炎、肺炎、败血症等，都毫无办法。磺胺类药物是指具有对氨基苯磺酰胺结构的一类药物的总称。你知道最早的磺胺是从哪里得

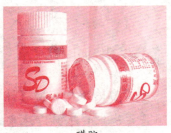

磺胺

来的吗？你知道最初的磺胺药是怎样才被用来治疗的吗？看完下面的内容你就知道了。

知识聚焦

在磺胺的医药作用发现之前，它只不过是一个普通的染料，直到它对炎症的抑制效果人尽皆知，才让磺胺脱颖而出，成了重要的医药帮手。

20世纪30年代，科学家们在高倍数的显微镜下发现大多数病痛都是由细菌引起的。在研究和观察了细菌的活动后，医学家和化学家们便开始寻找抗菌的药物。

德国化学家格哈德·杜马克也是寻找细菌"克星"成员之一。为了早日找到抗菌药物，杜马克整天泡在实验室里进行筛选工作。经过多次的实验，他终于找到了有杀菌作用的红色染料——百浪多息。百

浪多息在机体内能分解出磺胺基团——对氨基苯磺酰胺（简称磺胺），磺胺与细菌生长所需要的对氨基苯甲酸在化学结构上十分相似，被细菌吸收而又起不到养料作用，细菌就不得不死去。

格哈德·杜马克

为了证实百浪多息的杀菌效果，杜马克用小白鼠做了多次的实验。在实验中他发现那些注射了百浪多息的小白鼠都生存了下来，而没有注射百浪多息的小白鼠则全部死去了。

这个惊人的发现，一时间轰动了欧洲医学界。但杜马克清醒地认识到：要让这种药在临床上得到应用，还有许多的路程要走。之后，杜马克从百浪多息中提炼出了一种白色的粉末，即磺胺。后来，实验结果表明磺胺具有出色的杀菌作用。

磺胺的杀菌作用不容置疑。可是，任何药物的功效只有临床效果是最有说服力的。

让杜马克没有料到的是磺胺临床效果的实验对象竟是自己的亲生女儿艾丽莎。当时，艾丽莎因为感染了链球菌而引发了高烧，虽然打了针吃了药但是都没有效果，医生对此也表示无能为力了。

但是，如果高烧退不下来，这样下去艾丽莎就会有生命危险。情急之下，杜马克给女儿注射了自己还在研制中的磺胺药。没想到磺胺药真的起了作用，艾丽莎很快退烧了。艾丽莎成为医学史上第一个用磺胺治好的病人，随后，这种药被推向了全世界。

磺胺作为一种特效药将千千万万个败血症患者的生命从死神手里夺了回来，由于磺胺药的发明对人类的贡献很大，杜马克被授予1939年诺贝尔生理学与医学奖。

💡延伸阅读

磺胺药依据口服吸收难易及应用不同，可分为三大类：

1. 用于全身性感染的磺胺药

口服易吸收，但其血药浓度持续时间不同。按其血浆 $t_{1/2}$ 长短可分为短效磺胺（$t_{1/2}$ 约 6 小时）、中效磺胺（$t_{1/2}$ 接近 12 小时）和长效磺胺（$t_{1/2}$ 超过 24 小时）三类。目前临床上应用的主要是中效磺胺，常用磺胺甲恶唑（SMZ）和磺胺嘧啶（SD）两种。

2. 用于肠道感染的磺胺药

本类磺胺药口服后吸收甚少，对结缔组织有特殊的亲和力并从肠壁结缔组织中释放出磺胺吡啶而起抗菌、抗炎和免疫抑制作用。适于治疗非特异性结肠炎，长期服用可防止发作，但由于疗程长，易发生恶心，呕吐等反应。

3. 外用磺胺药

能发挥 SD 及硝酸银两者的抗菌作用，对绿脓杆菌抑制作用强大，能促进创面的愈合，适用于二度或三度烧伤。

第七节
医用杀菌剂——甲醛

甲醛（化学分子式 HCHO）已经成为居室的头号杀手。长期吸入过量的甲醛，会使人患上慢呼吸道疾病、过敏、鼻咽癌、尿毒症等病症，还会造成不孕不育，以及孕妇的流产、胎儿畸形等。甲醛对于新生儿和青少年的危害更是巨大，严重影响他们的健康成长。那么生活中怎样减少甲醛的危害呢？这就需要对甲醛的化学性质有一定的了解。

知识聚焦

甲醛是一种无色，有强烈刺激性气味的气体，易溶于水、醇和醚。甲醛在常温下是气态，其40%的水溶液称为福尔马林。

甲醛是一种极强的杀菌剂，它能使蛋白质凝固变性，从而杀死微生物。在医院和科研部门，福尔马林常用于标本的防腐保存。但是，甲醛的刺激性和伤害性也很大。

研究表明：甲醛具有强烈的致癌和促进癌变作用。甲醛对人体健康的影响主要表现在嗅觉异常、刺激、过敏、肺功能异常、肝功能异常等方面。吸入甲醛会引起恶心、呕吐、咳嗽、胸闷、气喘甚至肺水肿；长期接触低剂

消毒室

量甲醛可引起各种慢性呼吸道疾病，引起青少年记忆力和智力下降，甚至可以引起白血病，对人体健康危害极大。

与此同时，甲醛作为一种高效和廉价的工业原料，在我们的生产和生活中有着不可替代的作用。目前，世界各国生产人造板（包括胶合板、大芯板、中密度纤维板和刨花板等）主要使用脲醛树脂胶（UF）为胶粘剂，脲醛树脂胶是以甲醛和尿素为原料，在一定条件下进行加成反应和缩聚反应而制成的胶粘剂。

也正因为甲醛的多用途，我们现在还是不能不使用甲醛，它的替代品还没有被发现，我们只能尽量想办法消除或者减弱甲醛的危害。

那要怎样消除甲醛的危害呢？一般情况下我们使用二氧化氯来消除甲醛的危害。二氧化氯与甲醛反应生成甲酸（甲酸仍含有醛基），二氧化氯又与生成的甲酸反应生成二氧化碳和水，二氧化氯就被还原成氯离子。通俗地讲就是二氧化氯与甲醛反应生成了无害的二氧化碳、水和氯离子（氯是常用的消毒剂，医院和自来水都是用它消毒）。其化学反应方程式是：

$$4ClO_2 + 5HCHO = 5CO_2 + 4HCl + 3H_2O$$

延伸阅读

家庭常用的除甲醛方法：

1. 新油漆的墙壁或家具有一股浓烈的油漆味，要去除漆味，你只需在室内放两盆冷盐水，一两天漆味便可去除。也可将洋葱浸泡在盆中，同样有效。

2. 用 300 克红茶泡入两盆热水中，放在居室内，并开窗透气，48 小时内室内甲醛含量将下降 90% 以上，刺激性气味基本消除。

3. 将 800 克颗粒状活性炭分成 8 份，放入盘碟中，每间房放 2～3 碟，72 小时内可基本除尽室内异味。

4. 准备 400 克煤灰，用盆分装后放入需除甲醛的室内，一周内可使甲醛含量下降到安全范围内。

5. 在室内摆放可除甲醛的绿色植物，如吊兰、虎皮兰、常春藤、芦荟、龙舌兰和非洲菊等。

第五章
化学与饮食

 主题引言

  历史上，人类的饮食从最初的茹毛饮血逐步进化到吃熟肉喝鲜汤。现在，我们越来越追求食物的高营养和科学的搭配，追求健康的生活。而对食品营养的分析离不开对化学知识的了解和掌握。化学与我们的生活息息相关。

第一节
馒头与酵母菌

　　洁白、松软的馒头不仅美味可口，而且营养丰富、老少皆宜。那么，面粉是怎样变成又白又软的大馒头的呢？如果你懂得面粉发酵的原理就明白其中的道理了。

知识聚焦

　　为什么没经过发酵的面粉做出来的馒头又硬又小，而经过发酵的面粉做出的馒头松软多孔呢？原来这与面粉发酵的过程中发生的一系列化学变化有关。

　　面粉的主要成分是蛋白质和碳水化合物。碳水化合物主要是淀粉，淀粉中所含的淀粉酶在适宜的条件下，能将淀粉转化为麦芽糖，进而继续转化为葡萄糖。

　　酵母是一种生物膨胀剂，当面团加入酵母后，葡萄糖能供给酵母发酵所需要的能量，酵母即可吸收面团中的养分生长繁殖，并产生二氧化碳气体，使面团形成膨大、松软的蜂窝状组织。面粉中的蛋白质吸水膨胀形成面筋，面筋能随发酵产生的二氧化碳气体的膨胀而膨胀，并能阻止二氧化碳气体的溢出，提高面团的保气能力。

　　在面团发酵时，面团中的氧气和其他养分供应充足，酵母的生命活动非常旺盛，此时酵母进行的是有氧呼吸作用，能够迅速将面团中的糖类物质分解成二氧化碳和水，并释放出一定的能量（热能）。在面团发酵的过程中，面团升温的现象就是由酵母在面团中有氧发酵产生的热能导致的。

馒头

随着发酵的进行，水分越来越多，面团胀气越来越多。面粉的质量决定面团的持气能力，酵母的质量决定面团内的产气能力和发酵能力。酵母虽然依赖于糖生存繁殖，但并不是糖越多越好，酵母是有一定耐糖性的，不同酵母其耐糖性不同。只有面粉的筋道适中，延伸性好，酵母的活性高，发酵力大，后劲足，二者相互平衡时才能制作出高质量的产品。

面粉除了能经酵母菌发酵变得松软外，还可以加入化学疏松剂，在加温条件下起反应达到疏松的目的。如面粉中加入泡打粉揉制成的半成品，在加热过程中放出二氧化碳气体，使面团松发、膨胀、糊化直至定型，从而达到疏松的效果。

用小苏打发酵也可蒸馒头，蒸出来的馒头不但很松软而且口味也非常好，但是，小苏打会严重破坏面粉中的 B 族维生素。

酵母本身是可食用的，而且营养丰富。酵母不仅含有三大产能营养素碳水化合物、蛋白质、脂肪，而且还富含矿物质、维生素和酶类，尤其是 B 族维生素。用酵母发酵蒸出的馒头所含的营养成分比起泡打粉发酵的要高出 3 倍多，蛋白质也要高出近 2 倍。此外，酵母里还含有硒、铬等矿物质，有抗氧化延缓衰老，预防肿瘤和心血管疾病的作用，还能提高人体免疫力。所以，最好的做法还是直接用酵母发酵，这样蒸出的馒头不仅味道好而且营养价值也非常高。

💡延伸阅读

馒头的历史距今已有1700多年，它的发明者据说是家喻户晓的诸葛亮。

三国的时候，诸葛亮为了解除北伐时的后顾之忧，于是在北伐之前先进行了南征。南征的时候，诸葛亮决定采用攻心策略，彻底地征服西南地区。在与当时西南地区的部落首领孟获进行的战斗中，诸葛亮先后七次活捉并七次释放孟获，最终使得孟获真心归顺。

在班师回朝的路上，大军经过泸水。当时刚好是起大风的季节，泸水上风浪很大，军队没办法在这样的风浪中渡江。孟获对诸葛亮说这是那些战死的士兵的冤魂在作怪，需要用七七四十九颗人头来祭供，才能平息这些冤死的亡灵，才能让风浪止息，让军队能够顺利渡河。

诸葛亮是个非常善良的人，他不肯以人头为祭品。但是，拿什么来代替呢？经过苦思冥想，诸葛亮想出了一个好方法，他让士兵们把牛羊的肉剁成肉酱，然后用面粉包上这些肉馅，最后做成了人头的模样，放到随军的厨房笼屉里面，做成了被称为"馒首"的食品。

然后，诸葛亮把这些"馒首"当成祭品，来到泸水边，摆上贡桌，亲自祭拜了一番。结果，受祭拜的泸水顿时烟消云散、风平浪静，诸葛亮于是下令大军渡江。

后来，这种用来假作祭品的"馒首"被流传了下来，人们经常制作"馒首"来食用，也用来当作祭祀品。现在，全世界都会使用这种方法来制作馒头，我们也就有了这种美味的食物。

第二节
碳酸饮料的是与非

　　碳酸饮料是在液体饮料中充入二氧化碳做成的，其主要成分为糖、色素、香料等，除热量外，没有任何营养。在炎热夏季，人们常用碳酸饮料来消暑解热，在餐桌上碳酸饮料也是必备之品。那么碳酸饮料究竟对人体有哪些影响呢？

知识聚焦

　　可乐就是一种碳酸饮料，之所以喝起来的时候会觉得口感好，是因为可乐里面产生的气体很充足，这就能够顺便带出胃里的热量，让人觉得发自内心的舒适和兴奋。而且这里面的成分带有一定的瘾症效果，人们会慢慢产生依赖。

　　碳酸饮料的主要成分包括碳酸、柠檬酸等酸性物质和白糖、香料等，有些还含有咖啡因及人工色素等。碳酸饮料中除了糖能为人体补充能量外，几乎不含其他营养成分。如果过量饮用可乐，

可乐

从中摄取的碳酸、糖分、咖啡因和人工色素对人体健康会造成一定的危害。

大量饮用碳酸饮料的危害主要有以下几个方面：

1. 让人越喝越渴

有专家指出，碳酸饮料中大量的色素、添加剂、防腐剂等物质在体内代谢时需要大量的水分，而且可乐含有的咖啡因也有利尿作用，会促进水分排出。

如果过多摄入碳酸饮料，含有这些添加剂的可乐饮料进入人体后，细胞外面的浓度就会大于内部的浓度，使得细胞处于脱水的状态。细胞的渗透压因此升高，为了使得细胞的渗透压保持平衡，人的大脑会做出口渴的反映，所以喝碳酸饮料就会越喝越觉得渴。

2. 易造成肥胖

碳酸饮料一般含有 10% 左右的糖分，一小瓶饮料的热量就达到了一二百千卡。碳酸饮料是人体额外糖分的最大来源。饮两罐碳酸饮料，就相当于吃了 20 茶匙糖，每天多喝一罐碳酸饮料会使儿童肥胖的风险提高 60%。所以，经常喝可乐类的碳酸饮料容易使人发胖。

3. 损伤牙齿

碳酸饮料显然已成为造成龋牙的最重要原因之一。碳酸饮料中的酸性物质及有酸性糖类副产品会软化牙釉质，对牙齿龋洞形成起到促进作用。

碳酸饮料的酸性成分 pH 值一般在 2.2 ～ 4.9 之间。而我们的牙齿主要由钙、磷等矿物质组成，当牙齿的酸性成分达到和低于 5.5 时，就会脱矿，即矿物质晶体开始被酸溶解。长期大量被酸物质侵蚀，牙齿就会被腐蚀变薄，牙釉质丧失，牙本质露出，牙齿丧失保护层后，就很容易发生龋坏。如果牙釉质软化，再加上不正确刷牙、磨牙等陋习，会导致牙齿损坏。

4. 影响消化

碳酸饮料喝得太多对肠胃非但没有好处，而且还会大大影响消化。

因为大量的二氧化碳在抑制饮料中细菌的同时，对人体内的有益菌也会产生抑制作用，二氧化碳会刺激胃液分泌，胃酸过多容易感觉腹胀、降低食欲，所以消化系统就会受到破坏。特别是年轻人，一下喝太多，释放出的二氧化碳很容易引起腹胀，影响食欲，甚至造成肠胃功能紊乱，引发胃肠疾病。

5. 导致骨质疏松

饮用可乐等含磷酸盐的饮料，会影响身体对钙的吸收。碳酸饮料的成分，尤其是可乐，大部分都含有磷酸，大量磷酸的摄入就会影响钙的吸收，引起钙、磷比例失调。一旦钙缺失，对于处在生长过程中的青少年身体发育损害非常大。缺钙无疑意味着骨骼发育缓慢、骨质疏松，常喝碳酸饮料骨骼健康就会受到威胁。有资料显示，经常大量喝碳酸饮料的青少年发生骨折的危险是不喝碳酸饮料的青少年的 3 倍。

6. 影响身体发育

碳酸饮料中的咖啡因能让人上瘾，引起中枢神经系统兴奋，呼吸加快、心动过速、失眠、眼花、耳鸣，儿童长期饮用碳酸饮料会影响神经系统的发育。咖啡因还能使血脂升高，容易加剧动脉硬化。

咖啡因在孕妇体内很容易通过胎盘的吸收进入胎儿体内，会危及胎儿的大脑、心脏等器官，同样会使胎儿造成畸形或先天性疾病。

延伸阅读

19 世纪 80 年代，在美国佐治亚州亚特兰大市有一家药店，这个药店规模虽然不大，但经常能出售新药和特效药。因此，药店总是顾客盈门，效益奇好。经营药店的老板是美国著名的医学家约翰·潘伯顿。

1886 年 5 月的一天，一本医学杂志中的一篇报道引起了他的注意。报道说：在 1884 年，美国有一位医生从古柯树上提取了一种名叫古柯碱的物质，这种物质具有止痛的功效。

于是，潘伯顿的药店开始大量收购古柯树的树叶和树籽。然后，潘伯顿和一位名叫贺斯的伙计一起，从古柯树的树叶和树籽中提取古柯碱。经过反复试验，他们配制成功了一种能治疗头痛病的药水。潘伯顿把这种深绿色药水取名为"古柯柯拉"。"古柯柯拉"药水经过临床试验，效果很好，因此常常供不应求。

有一天中午，一个中年男人从外面走进店里，大声叫醒店员，嚷着要买这种叫"古柯柯拉"的治头痛的药水，这时另一位顾客也提着一只木桶，来到药店柜台前，也要买"古柯柯拉"。

贺斯见药店里"古柯柯拉"已经不多了，就将"古柯柯拉"与许多饮料掺和在一起出售。谁知，这种随意的配制使"古柯柯拉"变成了深红色，而且深受顾客欢迎。

潘伯顿在了解情况后，在药剂室反复地将"古柯柯拉"与各种饮料按不同的比例进行配制饮用。花了三个多月时间，他终于配制成功了那种风味独特、爽口解渴的深红色的饮料。

这种深红色的饮料很快轰动了整个美国，又由美国销往世界各地。由于男女老幼都爱喝这种饮料，人们就给它起了一个意味深长的名字——可口可乐。至今，可口可乐仍然是久销不衰。

第三节
口香糖与木糖醇

口香糖是时下年轻人必备的清洁口腔的小食品，它具有清新口气的功效，并且嚼口香糖时，反复咬合的动作也可以使我们的颌骨咀嚼肌和牙齿得到锻炼。但也有人认为口香糖中含有糖，嚼口香糖会导致龋齿的发生。

无糖木糖醇

那么，口香糖对我们的口腔健康到底有利还是有害？

知识聚焦

口香糖对口腔健康有什么影响，关键是看口香糖里的糖是选用什么样的糖做的。目前市场上有两种口香糖：含砂糖或蔗糖的口香糖和木糖醇无糖口香糖。砂糖与木糖醇都是糖，但对人体的生理作用不同。

口腔内的细菌可将食物中的蔗糖转换成酸，侵蚀牙齿的珐琅质，从而对牙齿造成损害。蔗糖在人体消化系统内经过消化液分解成为果糖和葡萄糖，经过小肠吸收，在人体内转化成糖原或脂肪，蔗糖所含的热量高，摄取过量容易引起肥胖。

木糖醇不能被口腔中产生龋齿的细菌发酵利用。在咀嚼木糖醇时能促进唾液分泌，唾液多了既可以冲洗口腔、牙齿间的细菌，也可以增大唾液和龋齿斑点处碱性氨基酸及氨浓度，同时使口腔内 pH 值上升。这样伤害牙齿的酸性物质被中和稀释，抑制了细菌在牙齿表面的吸附，从而减少了牙齿的酸蚀，达到防止龋齿和减少牙斑的效果，巩固牙齿。

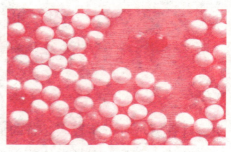

蔗糖口香糖

木糖醇的外表和蔗糖相似，但所含热量比砂糖和蔗糖所含热量低40%。食用添加木糖醇的食品可防止摄取过多的热量，对人体有减肥功效。

对糖尿病病人来说，添加木糖醇的食品是他们的首选。因为木糖醇在体内无须胰岛素也能透过细胞膜被组织吸收利用，促进肝糖原合成，给细胞提供营养和能量，而且不会引起血糖值升高，是最适合糖尿病患者食用的营养性的食糖代替品。

综上所述，木糖醇口香糖比砂糖或蔗糖口香糖更有益于人体健康。

除了两种不同的糖对人体健康有不同影响之外，嚼口香糖还有一些其他方面的作用。例如：

1. 咀嚼有利于提高专注度、注意力与警觉性

1996 年，日本九州大学的研究人员利用 PET 证实咀嚼可令重要脑区的血流量显著提高 28% 以上。同时，咀嚼还可以增加大脑中输送氧气的血红蛋白的数量。众所周知，增加大脑供血和供氧，能够提高包括注意能力和短期记忆能力在内的认知能力。

2. 咀嚼有利于简单瘦身

在咀嚼运动的刺激下，下颌部肌肉的神经会向大脑中控制食欲的脑区发送与饱足感相关联的信号，大脑接到这个信息后，饥饿感消失。

3.咀嚼口香糖有助于减压

α 脑波是精神处于平静状态时的一个标志，α 脑波的减弱与紧张、焦虑等情绪的产生密切相关。而咀嚼口香糖可引起 α 脑波增强，从而使情绪状态相对放松。在美国进行的一项调查中，56% 的被调查者同意"咀嚼口香糖帮助我克服日常紧张情绪"的说法。

💡 延伸阅读

1836 年，墨西哥军人桑塔·安纳在贡森托战役中被美军俘虏。在战争结束后的战俘交换中，他被交换回到墨西哥。

在回国后不久，桑塔·安纳收购了一批叫"人心果树"的树胶，并准备用这种树胶代替橡胶贩卖到美国去，并想借此发一笔大财。谁知树胶运到美国后，美国人发现树胶并不能代替橡胶，因此他的树胶无人问津。最后，他不得不欠债而逃。

桑塔·安纳之前把树胶都存放在美国人亚当斯的仓库里。在桑塔·安纳逃走后，亚当斯发现印第安人很爱嚼这种东西。于是，亚当斯和他的儿子一起把树胶经过加热、溶水、搅拌、揉捏，最后搓成圆球状的口嚼物放在药店出售，结果生意不错。这种嚼物由于没有怪味又柔软耐嚼，被人称之为"亚当斯的口香糖"。

之后，亚当斯又尝试着在口香糖中加入黄樟油、甘草等，生产出甜滋滋、香喷喷的"黑杰克"口香糖，形状和包装也有很大改观。改进后的口香糖风靡城乡。第二次世界大战期间，由于将士官兵们都特别嗜爱口香糖，口香糖一度成为美国的军需物资。

第四节
烧烤与健康

烧烤是人类最原始的烹调方式，是把食物放在比较接近热源的位置来把食物加热到熟的一种方法。在烤肉的过程中，不停地向食材中加油、盐、辣椒面、味精等调料，烤出来的香喷喷的气味直钻鼻孔，让人禁不住垂涎三尺，烤肉吃到嘴里让人胃口大开。

但是，我们在大快朵颐的时候，有没有想过烧烤对我们的身体健康有危害呢？下面我们就一起来看看，烧烤究竟对我们的健康有哪些危害。

知识聚焦

在面对烧烤摊点越来越多、烧烤食品种类越来越多的情况下，我们更应该多了解一点烧烤食品的卫生健康问题。其实，在香气四溢的掩盖下，烧烤食物除了含有致癌物质外，还会给食用者带来寄生虫等疾病的威胁。

冬季是烧烤的黄金季节，一些制作、贩卖羊肉串等烧烤食物的摊点生意十分火爆。在享用"美食"的同时，我们先来了解一下烧烤食品和烧烤存在的问题：

1. 减少了蛋白质的利用率

烧烤过程中，随着香味的散发，维生素遭到破坏，蛋白质发生变性，氨基酸也同样遭到破坏，严重影响三者的摄入。因此，吃烧烤会影响上述物质的利用率。

2. 增加了致癌风险

烤制羊肉串等肉食的过程中，除了木炭、煤火等燃烧会直接产生一种叫作苯并芘的致癌物质外，肉中的脂肪滴在火上，也会产生苯并芘并吸附在肉的表面。在目前已经检查出的 400 多种主要致癌物中，

烤肉

苯并芘是一种强致癌物。此外，香烟烟雾和经过多次使用的高温植物油、煮焦的食物、油炸过火的食品都会产生苯并芘。人们如果经常食用被苯并芘污染的烧烤食品，致癌物质会在体内蓄积，有诱发胃癌、肠癌的危险。

烧烤食物中还存在另一种致癌物质——亚硝胺。亚硝胺的产生源于肉串烤制前的腌制环节，如果腌制时间过长，就容易产生亚硝胺。特别是街边不卫生的个体烤肉摊点，往往为了使劣质肉吃起来口感细嫩，会过量添加"嫩肉粉"。如果过多食用这种用嫩肉粉腌制的肉串，就容易引起亚硝酸盐中毒。

除此之外，在烧烤的环境中也会有一些致癌物质通过皮肤、呼吸道、消化道等途径进入人体内而诱发癌症。美国卫生部公布的新的致癌物名单中就列出了高温烧烤食物。

3. 易感染寄生虫

烧烤食物外焦里嫩，有的肉里面还没有熟透，甚至还是生肉。若尚未烤熟的生肉是不合格的肉，如"米猪肉"，食者可能会感染上寄生虫，埋下了罹患脑囊虫病的隐患。

4. 现代病元凶

经过烧烤，食物的性质偏向燥热，加之多种调味品的使用，很是

辛辣刺激，会大大刺激胃肠道蠕动及消化液的分泌，可能损伤消化道黏膜，还会影响体质的平衡，令人"上火"。医学专家分析说，因烧烤食物所含的脂肪高、热量高，高血压、糖尿病、心血管疾病等"现代病"与之有很大关系。

5. 严重污染大气

这种由羊油滴在炭火上而产生的浓烟中，含有污染大气环境的细颗粒，对这种细颗粒目前还没有很好的办法能够去除，严重影响环境景观和空气能见度，使我们的环境与健康均受到伤害。

延伸阅读

40岁的张先生在体检中发现肝脏上有个阴影，跑遍北京、上海两地的知名医院，有一半专家都认为是肝癌。北京某大学附属医院消化内科主任告诉记者，患者CT和核磁都做了，将片子拿给大连两家医院的四位专家，其中两位认为是肝癌，而上海四家知名医院的多位专家，也有半数认为是肝癌。可奇怪的是，张先生的肿瘤标志物水平并不高。张先生下决心查个明白，并鼓起勇气做了一个肝脏穿刺检查。结果让他非常欣喜：炎性假瘤。

为何肝脏上会长出假瘤？感到纳闷的张先生和医生一点点排查危险因素。当他提到自己特别爱吃烧烤时，谜团揭开了。原来烧烤的肉类没熟透，其中的寄生虫就进入人体内游动到肝上，从而就形成了假瘤类似于肝癌的症状，如果将此类疾病当作癌症治疗不仅不会痊愈，还会给病人带来沉重的精神负担和经济负担。如此看来，大家吃烧烤真得小心了。

第五节
牛奶与健康

牛奶容易消化吸收、物美价廉、食用方便，是最接近完美的食品，人称"白色血液"，是最理想的天然食品，人们日常生活中喜爱的饮品之一。那么饮用牛奶对人体有哪些好处呢？这还得从牛奶中的营养成分说起。

知识聚焦

目前已知人体内一共有 20 种氨基酸，其中一半来自外界摄取的食物，而不是我们自己人体合成的，所以我们将这些从食物中获得来的氨基酸称之为必需氨基酸。

如果有一种蛋白质食物，它能够包含所有我们必需的氨基酸，我们通常就将这种食物称之为全蛋白。目前，我们发现的最常见的一种全蛋白来自牛奶，也就是说牛奶中的蛋白质是最优质的蛋白质来源。

牛奶中的无机盐也称矿物质，牛奶中含有 Ca^{2+}、Mg^{2+}、K^+、Fe^{3+} 等阳离子和 PO_4^{3-}、SO_4^{2-}、Cl^- 等阴离子，这些元素对人体生长发育有着重要的调节作用。

钙是人体中构成骨骼和牙齿的主要成分，人体中 90% 的钙集中在牙齿和骨骼上。儿童、青少年生长发育需要充足的钙，缺乏钙会影响牙齿和骨骼的正常发育，导致佝偻病，孕妇、成人、中老年人都需要补充钙质。牛奶中含有丰富的活性钙，是人类最好的钙源之一，1 升新鲜牛奶所含活性钙约 1250 毫克，居众多食物之首，是大米的 101 倍、瘦牛肉的 75 倍、瘦猪肉的 110 倍。而且，牛奶中不但钙含量高，其中的乳糖能促进人体肠壁对钙的吸收，吸收率高达 98%，从而调节体内钙的代谢，维持血清钙浓度，增进骨骼的钙化。

人人都知道喝牛奶好，但喝牛奶有许多讲究，如果饮用方法不恰当，牛奶不但于身体无补，还可能造成一些危害。如果你从以下的方面加以注意，牛奶一定会为你的身体注入新的活力。

1. 不要喝生奶

生牛奶是指从牛乳房挤出后不经消毒的鲜奶，虽然是营养最好的鲜奶，但是其实并不是最佳的牛奶，因为生牛奶非常难于消化吸收。并且，在整个挤取、装桶、运输牛奶的过程中，没有什么能保障这些牛奶不会被细菌污染。

牛奶

生牛奶中所含细菌种类很多，其中有的细菌对人体有益，如乳酸菌；有的会使牛乳腐败变质，如产碱杆菌、黄色杆菌；还有的是对人、畜有害的病原菌，如能引起牛乳腺炎的无乳链球菌，能引起人咽喉炎的溶血链球菌，更严重的是人畜共患的病原菌，如牛型结核杆菌、布氏杆菌、炭疽杆菌及波状热菌等。因此，我们一定要谨慎直接饮用生牛奶，尤其是抵抗力低的孩子，否则不但没有营养可言，反而会导致患病。

2. 不要空腹喝牛奶

在空腹的情况下吃特别有营养的东西其实不是好事情，我们吃饭都讲究要有主食，就是为了让自己的肠胃有个缓冲，还能让后面摄入的其他高营养品得到更好地吸收。

空腹喝牛奶时大量的蛋白质根本来不及吸收就变成能量被消耗了，这就在无形中造成了巨大的浪费。牛奶的乳糖从成分上来看分子结构很大，这是一种双糖，必须在进入小肠后才可能变成较小的葡萄糖及半乳糖，然后穿过肠壁进入血管。

如果小肠中的乳糖酶还没准备好，那么就无法发挥作用，这个时候的乳糖可能就被迫去大肠发酵了，不但不是营养，还会导致胀气、腹痛、呕吐或拉肚子等症状。有些乳糖不耐症的人，其实就是因为空腹饮用牛奶，以及自身体质不好，又一次性喝奶量过多。

3. 牛奶中不宜添加果汁等酸性饮料

我们都知道了牛奶中含有蛋白质和钙，这其中 80% 的蛋白质都是酪蛋白，如果你加入了酸性饮料，那么就会导致牛奶的酸碱度降低，当 pH 值低于 4.6 的时候，牛奶中宝贵的酪蛋白就开始发生变性。

为什么很多人喝果汁牛奶容易得结石，就是因为牛奶里面的钙发生了凝集沉淀，这些无法消化吸收的钙化物就变成了结石的种子。

4. 不要用牛奶服药

牛奶易在药物表面形成一个覆盖膜，使奶中的钙、镁等矿物质与药物发生化学反应，形成非水溶性物质，从而影响药效的释放及吸收。因此，在服药前后一小时不要喝奶。

5. 不宜长时间高温蒸煮牛奶

牛奶中的蛋白质受高温作用，会由溶胶状态转变成凝胶状态，导致沉淀物出现，营养价值降低。

总之，牛奶具有丰富的营养，是一种便利实惠，经济又有营养的食品。我国于 2000 年 11 月 25 日开始启动"学生饮用奶计划"，希望培养少年儿童饮用牛奶的习惯，改善营养，提高健康水平。只有正确饮用牛奶，才会让我们的身体更健康。

延伸阅读

牛奶的种类：

1. 巴氏消毒奶——采用巴氏消毒法灭菌，需全程在 4℃～10℃ 冷藏，因此能够在最大程度上保留牛奶中营养成分。巴氏消毒法是目前世界上最先进的牛奶消毒方法之一。

2. 常温奶——采用超高温灭菌法，能将有害菌全部杀灭，使牛奶的保质期延长至 6～12 个月，无须冷藏，但营养物质会受损。

3. 生鲜牛奶——在许多发达国家，未经杀菌的生鲜牛奶是最受消费者欢迎的，但价格也最为昂贵。新挤出的牛奶中含有溶菌酶等抗菌活性物质，能够在 4℃ 下保存 24～36 小时。这种牛奶无须加热，不仅营养丰富，而且保留了牛奶中的一些微量生理活性成分，对儿童的生长很有好处。

4. 灭菌牛奶——不少生产厂家为了满足上班族的需要，生产出保存时间较长的百利包。保存时间较长的百利包牛奶在加工过程中已经全面灭菌，对人体有益的菌种也基本被"一网打尽"了，牛奶的营养成分因而也被破坏掉。

5. 水牛奶——水牛奶产量虽然较低，但奶中所含蛋白质、氨基酸、乳脂、维生素、微量元素等均高于黑白花牛奶。据国家有关科研部门测定，水牛奶质十分优良，可称得上是奶中极品，其价值相当于黑白花牛奶的两倍，其抗衰老的锌、铁、钙含量特别高，氨基酸、维生素含量非常丰富，是老少皆宜的营养食品。

第六节
豆腐的秘密

俗话说，卤水点豆腐——一物降一物，传统的豆腐是用石膏和卤水点成的，现代科学家已经发明了比石膏和卤水更好的产品——葡萄糖酸内酯，用它点出的豆腐更加细嫩，味道更好，营养价值也更高，这就是聚内酯豆腐。卤水和葡萄糖酸内酯点豆腐的原理是什么呢？这还得从做豆腐的原料——黄豆说起。

知识聚焦

黄豆的蛋白质含量很高，这种蛋白质主要是由氨基酸组成的高分子化合物。优质的蛋白质表面上往往都带有相当比例的自由羧基和氨基，黄豆的蛋白质也不例外。

黄豆磨浆煮开后，首先得到的是豆浆。这个时候由于蛋白质上自由氨基和羧基的亲水作用，我们会发现显微镜下这些蛋白质颗粒表面开始出现变化，一层带有相同电荷水膜的胶体物质形成了。

豆腐

那么为什么我们加入卤水和葡萄糖酸内酯就能得到豆腐呢？原来，卤水和葡萄糖酸内酯中的成分能够让豆浆胶体中的蛋白质发生凝聚。

卤水的主要成分是氯化镁溶液，而石膏的主要成分是硫酸钙，这都是比较活跃的化学物质，能够快速在水中形成会产生许多带电的颗粒。这些带电颗粒和蛋白质发生作用，就会夺走那层水膜，自然蛋白质就被沉淀了出来，这种沉淀的蛋白质就是我们看到的豆腐脑。用化学术语说，这个过程是一个蛋白质的盐析过程。

其实我们自己在家也可以试着点豆腐，不一定非要盐卤和石膏，就是一般的醋酸、柠檬都具有让豆腐成型的能力。葡萄糖酸内酯在超市就有卖，这种内酯豆腐没有传统卤水豆腐的苦味，而且颜色非常洁白细腻，内外皆美。

传统豆腐中的镁离子对人体是有一定好处的，所以我们很多老年人还是提倡使用卤水点豆腐，能够帮助降低血压、血脂，这些都是老年人最喜欢的保健功能，可以有效地预防心血管疾病的发生。

延伸阅读

豆腐是我国一种古老的传统食品，风味独特，制作工艺简单，食用方便，发明至今已有2100多年的历史，深受我国人民的喜爱。

目前豆腐品种越来越多，营养成分具有高蛋白、低脂肪的特点，有降血压、降血脂、降胆固醇的功效，生熟皆可食用，老少皆宜。说起豆腐的发明，其中还有个故事。

据史料记载，豆腐是西汉高祖刘邦之孙——刘安发明的。两汉时，淮河流域的农民已使用石制水磨，农民把米、豆用水浸泡后放入装有漏斗的水磨内，磨出糊糊摊在锅里做煎饼吃。农民种豆、煮豆、磨豆、吃豆，积累了各种经验。淮南王刘安的母亲也很喜欢吃豆制品。

有一次淮南王刘安的母亲生病了，刘安是个孝顺的儿子，便专门下命令让人把黄豆磨粉后送上来。但是这样刘安还不满意，又把黄豆粉加入水再熬成了汤，还是感觉清淡了些，于是刘安又往里面加入了盐。

刘安本来是想做出方便病中母亲饮用的黄豆汁，结果没想到误打误撞发现加了盐的豆粉竟然凝固了，这就是最初的豆腐来源。

刘安是位炼丹家，因此当豆腐雏形产生后，他经过多次研究之后，终于发现石膏或盐类可使豆乳凝固成豆腐，用以烹调十分可口，从此豆腐也就在民间开始流传。

第七节
食物烹饪中的化学知识

食物经过烧煮后为什么味道更鲜美？这里面有许多科学道理，其中最重要的一点，就是使食物在烧煮的过程中发生了许多复杂的化学反应。

知识聚焦

食物中的蛋白质、脂肪和淀粉都是不易溶于水的，这就给人们的消化、吸收带来困难。但是，食物通过烧煮后，吸收了水分，并受热膨胀、分裂，部分变成可溶于水的物质，从而使其在人体的胃肠里容易被酶催化发生化学反应，而为人体所吸收。例如：淀粉颗粒不溶于冷水，而在温水中它会吸收膨胀、破裂，变成糊状，然后与水反应，很大的淀粉分子变成许许多多的小分子——低聚糖、单糖。米、面等主食都

153

含有大量淀粉，经过烧煮后，就容易被人体的消化系统吸收了。

做菜时也有很多窍门保证菜里的营养成分不被破坏，使做出来的菜更有营养。

青菜中所含的维生素C，在体内会形成一种透明质酸抑制物，这种物质具有抗癌作用，可使癌细胞丧失活力。新鲜的蔬菜中含有丰富

炒菜

的维生素C，维生素C易溶于水，因此青菜应该先洗后切；维生素C在加热时容易被破坏，因此炒青菜要"炒"得恰到好处，不可过头。

炒菜时，特别是在使用植物油的时候，有的人喜欢把油烧得冒烟甚至快燃烧起来才放菜，这是一种不好的做法。因为油在高温时容易生成一种多环化合物，而实验证明，多环化合物易于诱发动物得膀胱癌。

青菜中的维生素C在酸性条件下不易被破坏，因此西红柿、黄瓜等新鲜蔬菜加醋凉拌食用，营养更丰富。此外，青菜中含有的粗纤维可促进大肠蠕动，增加大肠内毒素的排出，达到防癌抗癌的目的。

炖排骨是大家爱吃的美味，做的时候一定要注意炖的诀窍。通常，先把洗净的排骨凉水下锅，并且一次性地在锅内加足水，中途切莫加冷水，以免汤的温度突然下降导致蛋白质和脂肪迅速凝固变性，影响营养和味道。

炖排骨放点醋可以使其易熟，使排骨中的钙、磷、铁等矿物质溶解出来，达到健体补钙的作用。同时要少放或者不放盐，因为在补钙的时候，摄入盐分太多会导致补钙无效。

科学研究发现：盐的摄入量越多，尿中排出钙的量越多，钙的吸收也就越差，因此高钠饮食是补钙的杀手。

烧鱼时常常要加醋，醋是一种有机酸，化学名称叫乙酸。加醋可

使鱼体内丰富的蛋白质在酸和酶的作用下水解成可溶性的氨基酸，能增加鱼的鲜味，同时还能分解鱼骨中的钙，便于人体吸收。烧鱼时除加醋还要加入料酒，料酒是一种醇，叫乙醇。酸和醇在一起会发生酯化反应生成的酯类物质带有香味，因此做出来的鱼更香。

化学与生活息息相关，我们懂得了烹饪中的化学知识，不但可以做出更美味的食品，并且更有利于减少食品中的营养流失和遭到破坏。

💡 延伸阅读

烹饪小常识：

1. 烧肉不宜过早放盐

盐的主要成分氯化钠，易使肉中的蛋白质发生凝固，使肉块缩小，肉质变硬，且不易烧烂。

2. 油锅不宜烧得过旺

经常食用烧得过旺的油炸菜，容易产生低酸胃或胃溃疡，如不及时治疗还会发生癌变。

3. 肉、骨烧煮忌加冷水

肉、骨中含有大量的蛋白质和脂肪，烧煮中突然加冷水，汤汁温度骤然下降，蛋白质与脂肪即会迅速凝固，肉、骨的空隙也会骤然收缩而不会变烂，而且肉、骨本身的鲜味也会受到影响。

4. 未煮透的黄豆不宜吃

黄豆中含有一种会妨碍人体中胰蛋白酶活动的物质。人们吃了未煮透的黄豆，对黄豆蛋白质难以消化和吸收，甚至会发生腹泻。而食用煮烂烧透的黄豆，则不会出问题。

5. 烧鸡蛋不宜放味精

鸡蛋本身含有与味精相同的成分谷氨酸。因此，炒鸡蛋时没有必要再放味精，味精会破坏鸡蛋的天然鲜味，当然更是一种浪费。

6. 酸碱食物不宜放味精

酸性食物放味精同时高温加热，味精（谷氨酸）会因失去水分而变成焦谷氨酸二钠，虽然无毒，却没有一点鲜味了。在碱性食物中，当溶液处于碱性条件下，味精（谷氨酸钠）会转变成谷氨酸二钠，是无鲜味的。

7. 反复炸过的油不宜食用

反复炸过的油其热能的利用率，只有一般油脂的三分之一左右。而食油中的不饱和脂肪经过加热，还会产生各种有害的聚合物，此物质可使人体生长停滞，肝脏肿大。另外，此种油中的维生素及脂肪酸均遭破坏。

8. 冻肉不宜在高温下解冻

将冻肉放在火炉旁、沸水中解冻，由于肉组织中的水分不能迅速被细胞吸收而流出，就不能恢复其原来的质量，遇高温，冻猪肉的表面还会结成硬膜，影响了肉内部温度的扩散，给细菌造成了繁殖的机会，肉也容易变坏。冻肉最好在常温下自然解冻。

9. 吃茄子不宜去掉皮

维生素 P 是对人体很有用的一种维生素，在我国所有蔬菜中，茄子中所含有的维生素 P 最高。而茄子中维生素 P 最集中的地方是在其紫色表皮与肉质连结处，因此，食用茄子应连皮吃，而不宜去皮。

10. 铝铁炊具不宜混合

铝制品比铁制品软，如炒菜的锅是铁的，铲子是铝的，铝铲就会很快被磨损而进入菜中，人吃下过多的铝对身体是很不利的。

第八节
食用油中的化学知识

烹饪时油脂对食材有润滑、增香的作用。美味的中国菜肴离不开油脂，它含有人体必需的营养成分，但如果摄取过多，反而对人有害无益。食用油中有哪些营养成分？它们对人体究竟有什么作用？下面我们一起来了解食用油中的秘密。

知识聚焦

人体所需的三大营养物质是蛋白质、脂肪和糖类，它们是人体内的供能物质和组成原料，如果缺乏任何一种营养成分，都会造成身体的不适。

食用油的主要成分是脂肪。脂肪经消化后分解成甘油和各种脂肪酸，一个脂肪细胞由一个甘油分子和三个脂肪酸分子组成。根据结构不同，脂肪酸分为饱和脂肪酸和不饱和脂肪酸，我们常用食用油中不饱和脂肪酸的含量来衡量食用油的营养。

不饱和脂肪酸在化学结构中有一个或者多个"氢键"没有饱和，所以不容易凝固。而饱和脂肪酸则相反，它在低温下会凝固成半固体或固体。为什么我们说过量摄取脂肪容易出现血管方面的疾病，其实就是体内饱和脂肪酸惹的祸。

不饱和脂肪酸又分为两种，根据其分子结构中的碳碳双键所具有的数目的差异，一种是单不饱和脂肪酸，主要有油酸，可以有效地增加高密度的脂蛋白，也就是好的脂蛋白，同时主动去降低低密度的脂蛋白，也就是坏的脂蛋白；另一种是多不饱和脂肪酸，主要有亚油酸、亚麻酸等。

这两种脂肪酸人体都不能自然合成，所以必须从日常膳食中补充。像这样必须来自食物的脂肪酸也被我们称为必需脂肪酸。

食用油

在食物脂肪中，单不饱和脂肪酸主要有油酸，多不饱和脂肪酸主要有亚油酸、亚麻酸等。单不饱和脂肪酸可以增加高密度脂蛋白（好的脂蛋白），降低低密度脂蛋白（坏的脂蛋白）。

α-亚麻酸具有抗炎症、减少血栓形成、抑制血小板凝聚、抗心律失常、抗癌、降低血脂血压、改善血管弹性等作用，有调节中枢神经系统、提高记忆力的功能，在医药、保健品等领域有广阔的开发前景。

γ-亚麻酸是α-亚麻酸的同分异构体，γ-亚麻酸具有对血清甘油三酯的降脂作用，能恢复糖尿病患者被损伤的神经细胞功能，降低血清胆固醇和甘油三酸酯水平并抑制体内血小板的凝集。

亚油酸在人体内可被转化成γ-亚麻酸、DH-γ-亚麻酸和花生四烯酸，也可作为能量使用或贮存；能作为某些生理调节物质（如前列腺素）的前体物质；可使胆固醇脂化，从而降低血清和肝脏中的胆固醇水平，对糖尿病也有预防作用；能抑制动脉血栓的形成，因而可预防心肌梗死的发生；可以有效地预防和治疗冠心病、高血压等心血管疾病的发生。

动物油脂中饱和脂肪酸含量高，相反，大部分植物油脂中不饱和脂肪酸含量高。膳食中摄入饱和脂肪酸越多，血清总胆固醇水平越高，心血管疾病的发病率越高。

因此，营养学专家建议多食用植物油，少吃动物油。但是植物油中的不饱和脂肪酸如果加热时油温过高，或者反复煎炸，不饱和的氢键就会因为加氢而成为饱和，不饱和脂肪酸会变成一直被医学家诟病的反式脂肪酸，也叫人造黄油。不饱和脂肪酸形成的反式脂肪酸对人体的伤害远远超过饱和脂肪酸。因此，在用油炒菜的过程时，油温不可过高。

🔍 延伸阅读

地沟油，主要成分是甘油三酯，但却比真正的食用油多了许多致病、致癌的毒性物质。

地沟油是一种质量极差、极不卫生的非食用油。一旦食用地沟油，它会破坏人们的白细胞和消化道黏膜，引起食物中毒，甚至致癌的严重后果。所以，地沟油是严禁用于食用油领域的。

但是，有一些不法商贩受利益驱动而不顾人民群众生命安全，私自生产加工地沟油并作为食用油低价销售给一些小餐馆，给人们的身心都带来极大伤害。因此，"地沟油"这个名称已经成了对人们生活中带来身体伤害的各类劣质油的代名词。

第九节
饮食与肥胖

近些年来，随着我们的生活水平越来越高，人们生活方式的改变导致能量过剩，肥胖开始成为生活中备受关注的一个话题。肥胖也带来很多其他威胁人类健康的疾病，如高血压、冠心病等等。据统计，中国约有 15% 的人体重超重，其中有 7000 万人被确认患有肥胖症。

中国社会正变得富裕，富裕的一大标志就是肥胖者越来越多。肥胖问题严重困扰着越来越多的人。那么引起肥胖的原因是什么呢？这还得从食物中含有热量的营养成分说起。

知识聚焦

食物营养物质中的维生素、水和无机盐不含有热量，它们可以被直接吸收利用，而蛋白质、脂肪和糖类等成分含有热量，它们和通过呼吸进入人体的氧气一起，经过新陈代谢过程，转化为构成人体的物质和维持生命活动的能量。它们不能被机体直接吸收利用，需在消化管内被分解为结构简单的小分子物质，才能被吸收利用。

人体消化道内有消化腺，消化腺分泌的消化液对食物中的糖类、蛋白质、脂肪进行消化，各种营养物质分解为肠壁可以吸收的简单的可溶性的化合物，如糖类分解为单糖，蛋白质分解为氨基酸，脂类分解为甘油及脂肪酸。然后这些分解后的营养物质被小肠（主要是空肠）吸收进入体内，进入血液和淋巴循环。

糖是一种碳水化合物，它们的化学式大多是$(CH_2O)_n$。其中 C 就是碳，H_2O 是水的化学式，这也是他们被称为碳水化合物的原因所在。糖可以分为四大类：单糖（葡萄糖等），双糖（蔗糖、乳糖、麦芽糖等），多糖（淀粉、纤维素等）以及结合糖（糖蛋白等）。

吃饭

可以看到，糖类物质包括的不只有蔗糖，作为主食之一的淀粉（面粉、米饭的主要营养成分）也属于糖类。糖是人体的主要供能物质，在正常生理情况下，约 70% 的能量是由糖提供的。

糖除用于每天的能量消耗外，多余的糖一方面合成肝糖原、肌糖原，以供"临时"（指在人体一时摄入不足时，为生命活动提供应急"物资"）使用；另一方面则转变成脂肪或与其他物质分解——合成氨基酸等，而一般情况下，转变成脂肪的量远远大于其他形式。

如果人每天摄入超过消耗的能量的饮食，哪怕只是糖类，结果也会是日见增重。相反，在每日摄入能量不足时，机体就会调用"仓库"中的脂肪，来满足能量消耗，由此，脂肪就被慢慢消耗一些，体形也就变得"苗条"了。运动与禁食（或控制饮食量）减肥疗法，就是源于这一原理。

脂肪是人体的重要组成部分，又是含热量最高的营养物质。脂肪是由碳、氢、氧元素所组成的一种很重要的化合物。有的脂肪中还含有磷和氮元素，是机体细胞生成、转化和生长必不可少的物质。

脂肪被消化成甘油和脂肪酸，在小肠内被吸收进入人体，少部分被氧化分解提供能量供生命活动需要，大部分重新合成脂肪，作为人体备用能源物质储存在皮下或内脏等处。脂肪与糖类氧化分解所提供能量的区别主要体现在被利用的快慢上。一般情况下，糖类物质先氧化分解提供能量，在糖类物质分解完全后才动用脂肪这种储备能源物质。

显然，人无糖类物质储存在皮下，而几乎所有人的皮下都有多余的脂肪组织，在需要的时候，这些脂肪可以被利用来"燃烧"产生人体所需能量。当人进食量小，摄入食物的能量不足以支付肌体消耗的能量时，就要消耗自身的脂肪。因此，饥饿时由于能量消耗可使体内脂肪减少，所以人就会瘦。

因此，肥胖者要尽量减少摄取高胆固醇、高脂肪的食物，防止脂肪在人体内沉积。

人体内的蛋白质的功用主要有两个方面：一是维持人体组织的生长、更新和修复，以实现其各种生理功能；二是供给能量。食物中蛋白质在小肠内被分解成氨基酸才能被吸收，进入人体后的氨基酸重新合成不同的蛋白质。

蛋白质的多少本质上与肥胖没有多少关系，因为一般说来，蛋白质和脂肪是不互相转换的。只是蛋白质在每天的新陈代谢中都要不断消耗，消耗的量也相对稳定。一旦摄入不足，则可见其人"日渐消瘦"。

综上所述，造成人体肥胖的原因主要是饮食结构不合理造成的。因此，减肥并不是不吃，而是应该科学地调整饮食。例如：控制高脂类食物，如动物性食物（肉类）、油炸食物和西式快餐；少吃高碳水化合物，特别是晚餐一定要少吃，因为晚餐后人很少运动，过量的能量无法消耗而转化成脂肪；增加蛋白质含量高的食物，增加食用蒸、煮类食品，饭菜宜清淡为主，有助于减少食物中热量的摄入。

如果能坚持按以上要求调整饮食结构，再加上适量的运动，肥胖就会远离我们。

在我国大城市里，7～18岁的儿童青少年中，100个男生就有12个超重，5个肥胖；100个女生就有7个超重，3个肥胖。超重和肥胖的发生率近年呈快速上升趋势，而学生体质呈下降趋势。对此专家指出，国民整体能量摄入提高，洋快餐含糖和碳酸饮料及甜食摄入增加是重要原因，而人们对肥胖以及减肥的认识也还存在误区。

第十节
食盐为什么要加碘

在我国的吉林省有一个村子，这个村子里面的人就像被诅咒了一样，代代都会出现很多的智障、聋哑等疾病。外地人都不敢去这个大青山脚下的村子，他们怀疑这些人都是天生基因缺陷，还将他们的村庄称为"傻子屯"。

后来，地方政府通过多次的调查研究，发现是因为当地的食用盐都是村民自己做的，没有加碘。于是政府就将这些人集中在了一起，通过统一生产、生活、治疗、康复，并供给村民含有碘的盐，最后不再有新生的傻子出现。

为什么含有碘的食盐能有这样大的功效呢？这就要从食盐本身的性质说起。

知识聚焦

食盐的主要成分就是氯化钠，它是人们生活中最常用的一种调味品。食盐不仅仅能增加食物的味道，它还是人体组织的一种基本成分，对保证体内正常的生理、生化活动和功能有着重要作用。

加碘盐

食盐中的 Na^+ 和 Cl^- 在体内与 K^+ 的作用相互联系在一起，主要的作用是控制细胞、组织液和血液内的电解质平衡，以保持体液的正常流通和控制体内的酸碱平衡。Na^+ 与 K^+、Ca^{2+}、Mg^{2+} 还有助于保持神经和肌肉的适当应激水平，$NaCl$ 和 KCl 对调节血液的适当黏稠度起作用，胃里开始消化某些食物的酸和其他胃液、胰液及胆汁里的助消化的化合物，也是由血液里的钠盐和钾盐形成的。

适当浓度的 Na^+、K^+ 和 Cl^- 对于视网膜对光反应的生理过程也起着重要作用。此外，常用淡盐水漱口，不仅对咽喉疼痛、牙龈肿痛等口腔疾病有治疗和预防作用，还具有预防感冒的作用。

碘是一种人体所必需的微量元素，是甲状腺激素的重要成分，成年正常人体内共含碘15～20毫克，其中70%～80%浓集在甲状腺内。

碘的生理功能与甲状腺素的生理功能相同，有促进能量代谢、维持垂体的生理功能、促进发育等作用。

碘盐中早期加入的是碘化钾，后因碘化钾化学性质不稳定，加热时易损失而改为碘酸钾。食用碘盐的根本目的就是为了消除碘缺乏病。

人体内的碘以化合物的形式存在，其主要生理作用通过形成甲状腺激素而发生。因此，甲状腺素所具有的生理作用和重要机能，均与碘有直接关系，倘若人体内缺碘，就会发生一系列的疾病损害，统称为碘缺乏病。

在脑发育的初级阶段（从怀孕开始到婴儿出生后2岁），人的神经系统发育必须依赖于甲状腺素，如果这个时期饮食中缺少了碘，则会导致婴儿的脑发育落后，在临床上，严重的称为"呆小症"，以后即使再补充碘，也不可能恢复正常，所以有人称碘为"智慧元素"。发育期儿童的身高、体重、骨骼、肌肉的增长发育和性发育都有赖于甲状腺素，如果这个阶段缺少碘，则会导致儿童发育不良。

延伸阅读

20世纪80年代前，人们对于缺碘的危害局限于甲状腺肿和大脖子病，防治的措施是在病区供应加碘食盐或碘油。后来人们又发现，即使碘营养缺少的状况在未达到地方性碘缺乏病流行的严重程度的情况下，儿童的智力发育也会受到危害，只有补足了碘才能确保婴幼儿的正常脑发育。至此大规模的人群缺碘引起的智力低下才引起重视。

食盐是人们一日三餐不可缺少的调味品，食用加碘盐是预防碘缺乏病最经济有效的方法。在全民补碘政策效果不断显现的背景下，截至2011年年底，全国已有28个省市达到了消除碘缺乏病的阶段目标。

碘过量和碘缺乏同样有风险，儿童缺碘会导致智力低下、身体矮小，成人缺碘会乏力、身体浮肿，导致地方性甲状腺肿，俗称"大脖子病"；但碘摄入量过多也会对健康产生副作用，引起甲亢以及其他甲状腺疾病。因此缺碘补碘也要科学安排。

第十一节
皮蛋腌制中的化学知识

皮蛋又称松花蛋、变蛋等，是我国传统的风味蛋制品，不仅为国内广大消费者所喜爱，在国际市场上也享有盛名。

皮蛋不但是美味佳肴，而且还有一定的药用价值。中医认为皮蛋性凉，可治眼疼、牙疼、高血压、耳鸣眩晕等疾病，大众都可食用，火旺者最宜；少儿、脾阳不足、寒湿下痢者、心血管病、肝肾疾病患者少食。

那么皮蛋具有哪些特性？它又是如何被制作出来的呢？

知识聚焦

皮蛋的主要化学成分是一种蛋白质，但是它含有硫。

普通的蛋黄本身含有许多矿物质，如铁、铜、锌、锰等。一般情况下，皮蛋放置一段时间后，蛋黄也会分解变成氨基酸，并且释放出我们平时所说的臭鸡蛋气味的气体——硫化氢。释放出的硫化氢就会与原来蛋黄中的矿物质反应生成硫化物。所以，皮蛋的蛋黄呈青黑色就是产生了这些硫化物。这些硫化物大都极难溶于水，所以它们并

皮蛋

不被人体吸收。

另外，因为皮蛋的蛋黄中有很多蛋白质分解变成了氨基酸，所以皮蛋的蛋黄吃起来比普通鸡蛋的蛋黄鲜得多。皮蛋虽然营养丰富，味道鲜美，但是其碱性过大，故不宜多吃。建议在食用皮蛋时，加点陈醋，醋能杀菌，又能中和松花蛋的一部分碱性，吃起来也更有味。

传统制作皮蛋的原料有生石灰、纯碱、食盐、茶末、密陀僧等。密陀僧的化学成分是氧化铅，能与配料中的碱性物质反应并形成少量的重金属盐，使蛋中的蛋白质凝固。

蛋白的主要化学成分是蛋白质，禽蛋放置的时间一长，蛋白中的部分蛋白质会分解成氨基酸，氨基酸的化学结构有一个碱性的氨基（$-NH_2$）和一个酸性的羧基（$-COOH$）。因此，它既能跟酸性物质作用又能跟碱性物质作用，所以人们在制造皮蛋时，特意设计在泥巴里加入了一些碱性的物质，如石灰、碳酸钾、碳酸钠等。这些碱性物质它们会穿过蛋壳上的细孔，与氨基酸化合，生成氨基酸盐。这些氨基酸盐不溶于蛋白，于是就以一定几何形状结晶出来，就形成了漂亮的松花。

目前，市场上出现了无铅皮蛋，其实无铅皮蛋同样含铅。一般来说，每1000克皮蛋铅含量不得超过3毫克，符合这一标准的皮蛋又叫无铅皮蛋。所以，无铅皮蛋并不是说不含铅，而是指含铅量低于国家规定标准。

趣味阅读

相传明代泰昌年间，江苏吴江县一家小茶馆店主很会做生意，所以买卖兴隆。有一天，店里客人特别多，由于人手少，店主在应酬客人时，随手将泡过的茶叶倒在炉灰中。说来也巧，店主养了几只鸭子，爱在炉灰堆中下蛋，主人拾蛋时，难免有遗漏。

　　一次，店主人在清除炉灰茶叶渣时，发现了不少鸭蛋。也不知道这些鸭蛋有多久了，他以为不能吃了。谁知剥开一看，里面黝黑光亮，上面还有白色的花纹。闻一闻，一种特殊香味扑鼻而来；尝一尝，鲜滑爽口。这就是最初的皮蛋。后来，人们不断摸索改进皮蛋的制作工艺，皮蛋制作的工艺也日臻完善。

第十二节
蔬果中的秘密

　　吃了一口的苹果放着，过一会儿来看苹果变成褐色了；茄子、土豆等削好皮或切开后放置一会儿，切口面的颜色就会由浅变深，最后也变成了褐色。你一定对这个现象产生过疑问：为什么这些东西切开后会变色呢？看完下面的介绍，你就知道其中的缘由了。

知识聚焦

切开变色的蔬果

　　茄子、土豆和苹果在未切开时，组织细胞没有损伤，酚氧化酶存在于细胞内，不能与细胞外的酚类化合物接触，而空气中的氧更没法进入，因而不发生氧化变色反应。但是，一旦把它们切开后，细胞组织就会受损伤，酚氧化酶就被释放了出来并与酚类化合物接触，催化酚类化合物的氧化，再加上空气中氧的作用，就会发生变色反应。

其中，多元酚类能直接被氧化成醌类化合物而变色，而儿茶酚分子则在酚氧化酶的作用下发生聚合。

两个儿茶酚分子连接在一起，形成儿茶酚二聚体，二聚体又可以两两相接，形成四聚体。单个的儿茶酚分子及其二聚体和四聚体都是没有颜色的，但是儿茶酚四聚体可以形成多聚体，而多聚体是紫色的。所以，多聚体形成得越多，切口面的颜色就会越深。蔬果发生色变反应主要是这些植物体内存在着酚类化合物。

茄子、土豆和苹果等蔬果变色以后，所含的维生素 C 会减少，影响营养价值。为了防止切开后的蔬果变色，可以不让它与空气接触，最好的办法是把它们泡在水里，与空气中的氧气隔绝，这样就不会被氧化而变色了。

菠萝的食用方法

菠萝的果肉除富含维生素 C 和糖分以外，还含有不少有机酸，如苹果酸、柠檬酸等，另外还含有一种菠萝特有的"菠萝酶"。

菠萝

菠萝酶是一种蛋白酶，有分解蛋白质的作用。因此，吃少量的菠萝有增进食欲的作用，但是过量的吃也会对人体造成伤害，会引起胃肠病。

另外，菠萝酶对于我们口腔黏膜和嘴唇的幼嫩表皮也有刺激作用，这也就是为什么刚削好的菠萝直接吃的时候口腔里会有一种刺痛的感觉。而食盐能抑制菠萝酶的活力，因此，当我们吃鲜菠萝时，一般都是先用盐水泡上一段时间，这样就可以抑制菠萝酶对我们口腔黏膜和嘴唇的刺激，同时也会感到菠萝更加香甜了。

柿子的食用

柿子中含有一种叫"单宁"的物质。涩柿子当中的单宁细胞多数是可溶性单宁。当人们在吃柿子时，部分柿子的组织细胞破裂，可溶性单宁流出，被唾液所溶解，使人感到有强烈的涩味。甜柿中的单宁细胞多数是不溶性单宁。当人们咬

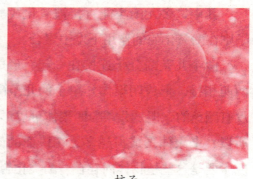

柿子

破柿子后，单宁不被唾液所溶解，所以不会感到有涩味。

所谓的柿子脱涩，也就是将可溶性单宁变为不溶性单宁的过程。常用的方法是将柿子密封贮藏一段时间，柿子不能进行正常的有氧呼吸，只能在缺乏氧气的条件下进行无氧呼吸。在无氧呼吸的条件下，柿子细胞会产生乙醛、丙酮等有机物。这些有机物将能溶解于水的单宁变成难以溶解于水的单宁，于是柿子吃起来就没有涩味了，而是又香又甜了。

💡 **延伸阅读**

水果和蔬菜切开后不变色的小窍门：

1. 在切开的蔬果上面滴上柠檬汁，不但不会变色，还能保持原来的风味。

2. 将切开的蔬果浸泡在淡盐水中，可帮助蔬果与空气隔绝。

3. 将瓜果用醋水洗过同样也能防止氧化。

第六章
化学课本中的名人们

主题引言

  法国化学家拉瓦锡提出了燃烧是氧化还原反应的正确理论，把化学从死胡同里引到了正确的轨道，被誉为近代化学之父；俄国化学家门捷列夫对元素进行分类研究，发现了元素性质与原子量之间周期性变化规律，对后来光学和原子物理学的发展具有指导意义……在化学的发展道路上，科学家们细心观察、百折不挠的精神都是值得我们学习的。

第一节
波义耳

　　罗伯特·波义耳出身于爱尔兰的贵族家庭，家境富裕，自幼受过良好的教育，会多国语言，博览了科学、哲学和神学等方面的书籍。27 岁时，波义耳迁居牛津，同胡克等许多科学家交往。他们每周进行一次学术交流，并把他们的聚会自称为"无形大学"，后来这个组织发展为世界第一个学会组织——英国皇家学会。

　　波义耳在化学方面的重要成就有以下三个方面：

　　一、正确地指出了研究化学的目的

　　17 世纪以前，化学知识主要应用在三个领域：一是炼金术，其目的在于变贱金属为贵金属黄金或白银；二是医药学，其目的在于发展医药，治病救人；三是化工生产，其目的在于增加产品的种类和提高产品的质量。

波义耳

　　关于研究化学的目的问题，波义耳提出了与以前的炼金术家、医药学家和化工生产者有着本质不同的见解，他认为研究化学的目的不是醉心于炼金术和医药，而是在于认识物质的本性。为此，就需要进行专门的实验，收集所观察到的事实，使化学从炼金术和医药学中解放出来，发展成为一门专为探索自然界本质的科学。波义耳的自然观促使人们逐渐认识到，化学是具有自然特性的一门需要积极发展的科学。由于研究化学有了明确的目的、范畴和方向，使得化学研究彻底地从炼金术、医药学、化工生产中解放了出来，大大地推动了化学科学的发展。直到今天，波义耳所确定的化学研究的目的，对化学的研究和发展仍然具有指导意义。

二、元素的科学定义

17 世纪以前，在物质构成的认识问题上，希腊哲学家亚里士多德提出的"土、水、气、火四元素学说"和医药学家提出的"汞、硫、盐三元素学说"一直在起作用，影响着化学的发展。

波义耳用实验证明，把砂子和灰碱两种东西混合在一起，经过加热可以熔化成透明的玻璃，生成的玻璃再也不会分解成土、水等东西；压榨葡萄得到的果汁，经过发酵可以变成酒精，果汁和酒精也都不会变成盐或硫。

波义耳通过许多实验的论证后，给元素下了一个比较科学的定义：元素是某些不同于其他任何物质所构成的原始的和简单的物质或完全纯净的物质，是确定的、实在的、可觉察到的实物，是用一般化学方法不能再分解为更简单的某些实物。波义耳给化学元素提出了世界上第一个科学的定义，为人类研究物质的组成指明了方向。

三、发展了古代的微粒说

古希腊唯物主义哲学家德谟克利特认为物质是由微粒构成的。到17 世纪，这个观点重新复活起来，并获得了发展，牛顿、胡克、波义耳都是坚持微粒说的代表人物。虽然波义耳深信微粒说，但把它应用于化学却出现了问题。化学物质的性质是多种多样的，反应过程是复杂的，只用微粒说及其运动是难以解释的。他根据盐能溶于水而不能溶于油和汞，黄金能溶于汞而不能溶于水和油，硫能溶于油而不能溶于水和汞等现象，认为应该在微粒说上面添加一些别的东西以补充其内容。他在理论上丰富了古希腊以来关于微粒说的内容，发展了哲学家的微粒说。

趣味阅读

有一天，波义耳正在实验室里巡视，助手威廉向他报告刚从国外买来了两瓶盐酸。这时，老花匠刚刚采来一大篮子紫罗兰，扎成一束束正向各房间里分插。

波义耳闻着沁人心脾的芳香，就取了一束花拿在手里一边玩，一边看威廉往一个烧瓶里倒盐酸。盐酸是一种有刺激性气味、挥发性的酸。波义耳和助手都感到一阵刺鼻的难受，他忙用花束下意识地扑打了几下，又把花举到鼻下。

等看过新买的盐酸后，他举着花束又回到书房。这时，他才发现花上沾了盐酸的飞沫。他赶紧将花浸到一个盛水的玻璃盆里，然后开始给秘书口授文章。偶尔一抬头，突然发现玻璃盆里的花变成了红色，波义耳以为是玻璃与阳光的作用，他就将花抽出来，可是花还是红色的。他觉得很奇怪，花明明是蓝色的，怎么转眼就变成了红色？难道盐酸能使紫罗兰变成红色，那么对其他花草会怎么样呢？

他忙对秘书说："快到花园里再采来一些紫罗兰，还有药草、苔藓、五倍子，各种花草树皮都采一点来。"波义耳将各种花草制成浸液，然后用酸碱一一去试，果然有的遇碱变色，有的遇酸变色，而更有趣的是用石蕊苔藓制成的一种紫色浸液遇酸时变红，遇碱时变蓝。

于是波义耳用这种浸液将纸泡湿，然后再烘干，以后不论遇到的新溶液是酸还是碱，只要剪上一条这种试纸，投入溶液，酸、碱立见分晓。化学上用的酸碱试纸就这样发明了。

第二节
普利斯特里

约瑟夫·普利斯特里是英国著名的化学家。在青少年时期，他除了学习课本知识以外，对其他领域也很有兴趣。他的一生中，钻研过数学，也学习过古文、自然哲学导论。1764年，他在爱丁堡大学取得了法学博士学位。1766年，他成为英国皇家学会的会员。从此，他开始了科学生涯。

普利斯特里著有《电学史》一书，书

约瑟夫·普利斯特里

中他用通俗的、准确而生动的语言概述了关于电现象研究的完整历史。不久，他痛感自己缺乏化学方面的知识，于是把兴趣由物理移向了化学。

在化学领域中，他首先对空气发生了兴趣，思考着不少有关空气的问题，他在试验中又发现了许多新气体。此后多年，普利斯特里一直在研究气体，并写成了《论各种不同的气体》一书，大大丰富了气体化学。

普利斯特里在化学领域有很多研究成果，其中最突出的是发现氧气。1774年，他用一个大型凸透镜研究一些物质在镜下聚光后释放出的气体。他将氧化汞放在玻璃罩内的水银面上，用凸透镜将阳光聚集起来。不久氧化汞就被高温分解了，放出了某种气体，将水银从玻璃罩中挤了出来。他将这种气体称为"脱燃素的空气"。他用这种方法将这种气体收集起来做研究：蜡烛在这种空气中可以燃烧得很旺，老鼠在这种空气中生活得很好，且体积生长得更大。他亲自吸入了部分气体，感受到这种气体能让人呼吸畅快，心旷神怡。他把这些都一一记录了下来。

实际上，早在1771年的时候，普利斯特里在《各种空气的观察》中写到过"我从硝石中得到了一定量的气体，能点燃蜡烛，能加大火焰，也听到响声，类似硝石在明火中爆破"。但他当时以为空气是单一的，之所以会有助燃力的差别，是因为空气中的含燃素量的差异。他认为从氧化汞中分解出来的气体是新鲜的空气，所以才会有超强的吸收燃素的能力。

在他看来，普通的空气在经过动物呼吸之后，就已经有了很多燃素，助燃能力自然就较低。普利斯特里把这种空气叫作燃素化空气或被燃素饱和了的空气。经过反复研究，他发现绿色植物在阳光下居然也能释放出脱燃素空气，这一发现为光化学作用研究奠定了基础。

普利斯特里在气体化学上的研究成果众多，不仅归功于他强烈的求知欲望和异常勤奋的学习态度，也归功于他超人一等的实验技能。他从37岁开始踏上气体化学的研究道路，对气体的分离和论述的数目，远远超过了同时代的任何化学家。

趣味阅读

1774年，普利斯特里来到巴黎，拜访了法国化学家拉瓦锡。

见面后，普利斯特里将自己从氧化汞中取出气体的实验演示给拉瓦锡看。拉瓦锡在重复这个实验之后非常兴奋，他大胆地提出了氧化概念。他指出，脱燃素空气就是氧气，他的观点将百年的燃素学说推翻。

但是，普利斯特里始终相信燃素说，他拒绝接受拉瓦锡的化学理论。

他忽略了理论上的思考，一心埋头于实验，这种狭隘的经验论很大程度上影响了他在化学领域中的进一步发展。

第三节
拉瓦锡

在拉瓦锡之前已经有两位化学家发现了氧气。一位是英国的化学家普利斯特里。1774 年 8 月 1 日，普利斯特里把氧化汞放在玻璃中加热，忽然发现有一种气体放出，他把这种气体取名为"脱燃素的空气"，也就是我们今天所说的氧气。另一位是瑞典的药剂师卡尔·舍勒。14 岁时，舍勒跟一个药剂师当学徒，他熟读了各种化学名著，并且把书中所介绍的化学实验程序一一亲自试验。1773 年，他用碳酸钠、碳酸汞、

拉瓦锡

氧化汞、硝石和硝酸镁加热，都得到了一种气体，并把实验结果写入《水与空气》一书中。他比普利斯特里还早一年发现氧气，但是他和普利斯特里同样都相信燃素说，根本没有意识到他们这一发现的伟大意义。

拉瓦锡不像普利斯特里和舍勒只注重物质反应现象的记录，而特别注重定量的研究，并且善于用天平作为研究的工具。他在一只瓶内放入锡，瓶子和瓶中的东西都在天平上称出其质量，做好记录，然后封闭瓶口进行加热。虽然锡已经变成灰，但是总质量并没有变化，打

开瓶子后，发现煅烧后的锡质量却增加了。拉瓦锡对这些现象进行了认真的思考和分析：锡所增加的重量既非来自火中，亦非来自瓶外的任何物质，只可能是结合了瓶中空气的缘故；另一方面，当他打开瓶盖时，有一股空气冲进瓶中，这样瓶子和瓶中的锡重量就增加了，而且进入空气的重量正好和锡煅烧后增加的重量相等，从这一实验结果，他总结到：锡灰可以看作是锡与空气的化合物。

1774 年 10 月，普利斯特里访问巴黎，应邀拜访了拉瓦锡。在拉瓦锡的盛情邀请下，他重做了一遍实验，拉瓦锡看后很受启发，回到实验室里，马上动手做关于氧化汞的实验，经过反复的实验、观察和记录，最后他得出了这样一个结论：空气是由能助燃的"氧气"和不能助燃的"氮气"组成，燃烧是可燃物和氧气化合的过程，从而彻底揭开了物质燃烧之谜。

1777 年 9 月 5 日，拉瓦锡向法国科学院提交了划时代的《燃烧概论》，系统地阐述了燃烧的氧化学说，将燃素说倒立的化学正立过来，宣布了一个新的化学时代已经来临。这本书后来被翻译成多国语言，逐渐扫清了燃素说的影响，化学由此也进入定量化学时期。1783 年，拉瓦锡出版了《关于燃素的回顾》，宣布了他的化学理论基础的革新。

拉瓦锡对化学有三个重要的贡献：一是从试验的角度验证并总结了质量守恒定律；二是发现了燃烧原理；三是否定了古希腊哲学家的四元素说和三要素说。

趣味阅读

法国大革命时期，共和国政府将千千万万的贵族推上断头台，拉瓦锡也未能逃脱厄运。

1794 年 5 月 2 日，革命政府将拉瓦锡交付革命法庭审判，那时没有什么公正，拉瓦锡清楚这一点，他的妻子和朋友们也清楚这一点。

这是一场闹剧式的审判，不需证据、不需辩护，法庭很容易就可以确认一个人有罪。"有罪，有罪，把他送到革命广场去，不得迟延。"人们疯狂地喊着。"可是，"拉瓦锡开口说话了，"我在实验室急待做一项关于排汗的实验，我只请求给我一点时间，让我为祖国多做一点贡献。""够了！"法官拍着桌子大吼一声，"共和国不需要科学家！"

1794 年 5 月 8 日，拉瓦锡被送上了断头台。为此一位科学家写下了下面的话：砍掉这个脑袋只需要一瞬间，但是 100 年也生不出这样一个脑袋来。

一时的狂热过后，法国人当然懂得拉瓦锡的价值，他死后不到两年，巴黎就竖起了他的半身塑像。

第四节
阿伏伽德罗

1776 年 8 月 9 日，阿伏伽德罗出生于意大利都灵的一个律师世家。1792 年 8 月 9 日入都灵大学学习法学，1796 年获法学博士，之后从事律师工作。1800 年—1805 年又专门攻读数学和物理学，此后主要从事物理学、化学研究。

1811 年，阿伏伽德罗被选为都灵科学院院士。同年，他发表了题为《原子相对质量的测定方法及原子进入化合物时数目之比的测定》

的论文。在论文中，他首次提出"分子"的概念以及原子与分子的区别等重要化学问题。阿伏伽德罗指出，原子是参加化学反应的最小粒子，分子是能独立存在的最小粒子；单质的分子是由相同元素的原子组成的，化合物的分子则是由不同元素的原子所组成。

阿伏伽德罗

　　阿伏伽德罗之所以引入分子的概念，主要是因为道尔顿的原子概念与实验事实发生了矛盾，必须用新的假说来解决这一矛盾。阿伏伽德罗在论文中提出了一个重要的假设——所有相同体积气体中的分子数目相等，这一假说后来被称为阿伏伽德罗定律。阿伏伽德罗还根据他的这条定律详细研究了测定分子量和原子量的方法。然而关于分子的假说却遭到冷遇，阿伏伽德罗发表的三篇关于分子论的论文没有引起任何反响。直到1856年他逝世，分子假说仍然没有被大多数化学家所承认。

　　1860年9月，在德国卡尔斯鲁厄召开的国际化学会议上，来自世界各国的140名化学家就原子量的问题激烈讨论，意大利化学家坎尼札罗慷慨陈词，在回顾过去50年里化学发展的历程中，他以充分的论据、清晰的条理、易懂的方法，指出阿伏伽德罗在半个世纪以前就已经解决了确定原子量的问题。很快，大多数化学家们都相信阿伏伽德罗的分子假说是解决50多年来他们所遇到的问题的唯一钥匙，阿伏伽德罗的分子论终于得到认可。

　　阿伏伽德罗是第一个认识到物质是由分子组成、分子由原子构成的人。他的分子假说奠定了原子—分子论的基础，推动了物理学、化学的发展，对近代科学产生了深远的影响。

趣味阅读

　　阿伏伽德罗生前非常谦逊，对名誉和地位从不计较。他没有到过国外，也没有获得任何荣誉称号，但是在他死后却赢得了人们的崇敬。

　　1911年，为了纪念阿伏伽德罗定律提出100周年，意大利政府在纪念日颁发了纪念章，出版了阿伏伽德罗选集，在都灵建成了阿伏伽德罗的纪念像并举行了隆重的揭幕仪式。

　　1956年，意大利科学院召开了纪念阿伏伽德罗逝世100周年纪念大会，在会上，意大利总统将首次颁发的阿伏伽德罗大金质奖章授予两名著名的诺贝尔化学奖获得者：英国化学家欣谢尔伍德、美国化学家鲍林。他们在致辞中一致赞颂了阿伏伽德罗，指出"为人类科学发展做出突出贡献的阿伏伽德罗永远为人们所崇敬"。

第五节
李比希

　　李比希是德国化学家，他对无机化学、有机化学、生物化学、农业化学都做出了卓越的贡献。

　　李比希开创了农业化学的研究，提出植物需要氮、磷、钾等基本元素，并研究了提高土壤肥力的问题，因此，他被农学界称为"农业化学之父"。他开启了面向实验室的教学方法，被誉为历史上最伟大的化学教育家之一。李比希发明和改进了有机分析的方法，准确地分析

李比希

过大量的有机化合物，合成过氯仿（$CHCl_3$）、三氯乙醛（CCl_3CHO）和多种有机酸，他还曾与他人合作，提出了化合物基团的概念以及多元酸的理论。

1820 年，李比希到波恩大学求学，他的第一位老师是卡斯特纳。1821 年，李比希转学到埃尔兰根大学学习，并于 1822 年获博士学位。获得博士学位以后，李比希来到法国巴黎继续深造，在洪堡特教授的推荐下，他进入了盖·吕萨克实验室进行研究工作。在接下来两年时间的研究中，李比希在探索各种有机化合物的同时，也系统地研究了雷酸盐，他发现用烘焙过的苦土（MgO）与雷酸盐相混合，可以非常有效地防止雷酸盐爆炸。李比希在 1823 年 6 月 23 日向科学院报告了他的研究成果，当时，会议主持人洪堡特教授对李比希说："您的研究不仅本身具有重要意义，更重要的是这一成果使人们感到，您是一位有杰出才干的人。"

1824 年，李比希回到德国，任吉森大学化学教授。回国后，他发现德国的化学教育落后于法国，许多德国大学没有化学教授，化学课由医学博士讲授。化学实验教学的条件就更差了，全国只有汤姆逊设立的一处实验室，一些著名化学家的实验室，都是私人性质的，只能接受一两名学生做专题研究。为了改变这种情况，李比希加强了对实验室建设和化学教学法的研究，使化学教学真正具备了实验科学的特色。他的努力得到了校方和国家的支持，经过两年努力，他在吉森大学建立了一个完善的实验教学系统，他的实验室可以同时容纳 22 名学生做实验，教室可以供 120 人听课，讲台的两侧有各种实验设备和仪器，可以方便地为听讲人做各种演示实验。这个实验室后来被称为"李比希实验室"，由于这一实验室培养出了一大批一流的化学人才，所以成了全世界化学化工工作者注目和向往的地方。李比希实验室科研和教学的风格，很快传遍了全世界。李比希还制造和改进了许多化学仪器，如有机分析燃烧仪、李比希冷凝球、玻璃冷凝管等等。这些仪器方便耐用，所以德国的仪器制造商纷纷大量仿制，向外国输出。

为了发展化学教学，李比希还用新的体系编制了化学教学大纲。他认为，化学不仅是一门实验科学，同时直接关系到国家的命运和人民的生活。所以他认为："学习化学的真正中心，不在于讲课，而在于实际工作。"他要求他的学生既会定性分析，又会定量分析，然后自行制备各种有机化合物，这样就可以培养出较强的实际工作能力。

李比希一生培养了一大批一流的化学家，如俄国的齐宁、法国的日拉尔、英国的威廉姆逊、德国的霍夫曼、凯库勒等。李比希逝世后，学术界对他十分怀念，人们把吉森大学李比希工作过的地方改为李比希纪念馆，把李比希看成有机化学、生物化学和农业化学的开路人。

趣味阅读

李比希小的时候特别喜欢研究炸药，在集市上从卖灵丹妙药的人那里学会了制造爆炸雷管和制造雷管用的仪器。一下子达施塔特的孩子们都喜欢到李比希药房买小炸弹玩，所得收入都用来帮助父亲养活一家的人。李比希常背着老师，把炸药带进教室，以便在休息时拿去玩。

有一次在课堂上，正当老师专心地推导一条定理时，突然教室里发生了可怕的爆炸，吓坏了老师和同学，同时一股浓烟冲向校长的办公室，校长也吓得呆眉呆眼、不知所措。这一下，学校把李比希开除了。

李比希受到父亲严厉的指责："看来你是学不出什么名堂的。干脆送你到药房当学徒吧，至少你自己可以挣钱糊口。我的同行皮尔施需要一个助手，明天你就到葛平海姆那里去。这回让你自己出去碰碰钉子，这样，你才会明白恶作剧的后果是什么了。"

第六节
凯库勒

1829 年 9 月 7 日，凯库勒生于德国达姆施塔特。1848 年，凯库勒进入吉森大学学习建筑学，后来在多次聆听了化学大师李比希的讲演后，深受吸引和启发，遂改攻化学，并在李比希的实验室里积极、严谨地进行研究工作。1875 年，凯库勒当选为英国皇家学会会员，1877 年任波恩大学校长。

1895 年，在化学领域已颇有建树的凯库勒担任了根特大学的化学教师。他在根特大学的化学实验室里集中研究了有机化合物的主干——碳链问题。他指出：在所有的化学元素中，碳是占有特殊地位的；他还指出，如果用简单转化的方法从一种物质中制取另一种物质，那么，可以认为在这类化合物中，碳原子的排列是不变的。凯库勒的理论后来经过俄国著名化学家布列特列夫的发展和完善，成为经典性的有机化合物的结构理论。

19 世纪初，有机化学中的正确的分子概念和原子价概念建立之后，法国化学家日拉尔等人又确定了苯的相对分子质量为 78，分子式

为 C_6H_6。苯分子中碳的相对含量如此之高，使化学家们感到惊讶。如何确定它的结构式呢？化学家们为难了：苯的碳、氢比值如此之大，表明苯是高度不饱和的化合物，但它又不具有典型的不饱和化合物应具有的易发生加成反应的性质。

凯库勒

凯库勒关于苯环结构的假说在有机化学发展史上做出了卓越贡献。因他早年受到过建筑师的训练，具有一定的形象思维能力，他善于运用模型方法，把化合物的性能与结构联系起来。1864 年的某一天，凯库勒在打瞌睡的时候做了一个梦，梦见原子又在眼前跳跃起来，他看到多种形状的大结构，那些紧密地靠近在一起的长行分子，围绕、旋转，像蛇一样地动着，其中有一条像蛇咬住了自己的尾巴。像是电光一闪，他醒来后立即根据梦中的灵感，首次满意地写出了苯的结构式。指出芳香族化合物的结构含有封闭的碳原子环，它不同于具有开链结构的脂肪族化合物。

凯库勒能够从梦中得到启发，成功地提出重要的结构学说，这是由于他善于独立思考，平时又总是冥思苦想有关原子、分子、结构等问题，才会梦其所思。更重要的是，他懂得化合价的真正意义，善于捕捉直觉形象，加上他以事实为依据，以严肃的科学态度进行多方面的分析和探讨，这一切都为他取得成功奠定了基础。作为一个杰出的科学家，凯库勒的成就得到了全世界的普遍公认。许多国家的科学院曾选他为名誉院士。他的意见不仅受到科学家的重视，而且也常为工业家们所采纳，成为 19 世纪以来有机化学界的真正权威。

趣味阅读

　　一天，凯库勒工作下班之后坐马车回家。由于过度劳累，他在摇摇晃晃的马车上很快进入了梦乡。在梦里，他看到很多白天所想的工作都跳了出来。忽然，其中有一个分子结构式变成了一条蛇，这蛇首尾相衔，变成一个环。

　　正在这时，马车夫大声地喊道："先生，克来宾路到了！"凯库勒这才从梦乡中惊醒。当天晚上，在这个梦的启发下，他终于画出了首尾相接的环式分子结构，解决了有机化学上的这一难题。

　　有些人在听说这个故事之后，就以为凯库勒的重大发现全是因为在马车上做了一个梦。于是，他们便雇了马车，在街上漫游，也想做个梦，轻而易举地摘下科学之果。虽然有的人在马车上睡着了，也做起梦来，可是谁也没有从梦中得到什么。

第七节
诺贝尔

　　诺贝尔这一名字在世界上几乎是家喻户晓，这不仅因为诺贝尔在化学化工发展史上做出了杰出的贡献，更重要的是他为了促进科学的发展而设置了世界瞩目的诺贝尔科学奖。

　　1833 年 10 月 21 日，诺贝尔生于瑞典，他的父亲是工程师，母亲是博物学家。在父母的影响下，青少年时代的诺贝尔就醉心于发明创造。

当时化学家发现了一种无色油状液体——硝化甘油具有猛烈的爆炸性能。由于硝化甘油受到震动就会发生爆炸，不易控制，因此无法应用。诺贝尔经过 50 多次试验，在 1862 年时完成了他的第一项重要的发明：他先将硝化甘油装在玻璃管里，再把玻璃管放进装满火药的锡管内，然后装上导火线。一切装好后，他将导火线点燃，投入水中，"轰"的一声，只见

诺贝尔

火花四溅，爆炸力比黑火药大。这就是诺贝尔专利雷管。

为了取得更好的效果，诺贝尔不断改进新型炸药。1864 年 9 月 3 日，在一次试验中发生了硝化甘油的爆炸，他们的实验室被炸成一片废墟，诺贝尔因当时不在实验室而幸免于难。挫折和不幸并未动摇诺贝尔的决心，他以不屈不挠的勇气把试验设备搬到郊外马拉湖中一艘平底船上，继续研究。经过百多次的试验，他终于发现运用雷酸汞可引爆硝化甘油，终于解决了炸药的引爆难题。这一发明也让硝化甘油炸药在许多建设中获得了成功的使用。

但是好景不长，因为硝化甘油存放时间一长就会分解，强烈的振动也会引起爆炸，这就为运输和贮藏留下了隐患，所以，发明更加安全的炸药成了诺贝尔新的目标。

有一次，一个装着硝化甘油的大坛子在搬运时破裂了，硝化甘油都渗到了泥土中。诺贝尔拿了一把浸透了硝化甘油的泥土去做实验，发现这种泥土在不引爆时很安全，不像纯硝化甘油那样受点震动就爆炸。于是，他收集了大量渗有硝化甘油的泥土进行引爆实验。没有想到的是，这一次爆炸异乎寻常的猛烈，只听得一声巨响，实验室里浓烟弥漫。人们都失声惊呼："诺贝尔完了！"正当人们为诺贝尔的生

命担心的时候,他从浓烟中冲了出来,满脸是血,一边跑,一边高喊:"我成功了!我成功了!"就这样,诺贝尔冒着生命危险终于研制出安全炸药。后来,他又研制出多种烈性炸药,一生拥有 255 项发明专利,其中与炸药有关的约 127 项。

科学技术的进步是一柄双刃剑,诺贝尔发明的硝化甘油炸药用于采矿修路等方面,提高了人类改造自然的能力,但它也为制造杀伤力更大的炮弹提供了条件。

趣味阅读

一天,诺贝尔正在忘我地工作,他的哥哥来找他,说:"诺贝尔,我正在整理我们家族的家谱,你是名闻世界的人物,没有你的自传怎么行呢?你写份自传吧。"

"哥哥,不用吧。"

"那怎么行呢?"诺贝尔的哥哥劝说道,"你写自传并不是为你自己,而是为我们家族呀!我们家族的家谱里有你的自传,就会增添光彩的!"

诺贝尔还是不同意,他哥哥就反复劝说,最后,甚至是哀求了:"弟弟,你是怕耽误你的时间吗?如果那样,就由你说,我来记录整理吧。"

诺贝尔态度谦逊,但语气坚定地说:"我不能写自传,在浩渺的宇宙中,无足轻重的我们,有什么值得写的呢?"

原来如此!他认为自己所做的一切只是为人类做了一点该做的事,为什么要拿对人类的一点点贡献去换取荣誉呢?

第八节
门捷列夫

　　门捷列夫出生于 1834 年，他出生不久，父亲就因双目失明外出就医而失去了得以维持家人生活的教员职位。门捷列夫 14 岁那年，父亲逝世，接着火灾又吞没了他家中的所有财产。1850 年，家境困顿的门捷列夫凭借着微薄的助学金开始了他的大学生活；1859 年，他到德国海德堡大学深造；1860 年，参加了在卡尔斯鲁厄召开的国际化学家代表大会；1861 年，回彼得堡从事科学著述工作；1866 年，任彼得堡大学普通化学教授，1867 年任化学教研室主任；1890 年，当选为英国皇家学会外国会员。

　　1865 年，英国化学家纽兰兹把当时已知的元素按原子量大小的顺序进行排列，发现无论从哪一个元素算起，每到第八个元素就和第一个元素的性质相近。这很像音乐上的八度音循环，因此，他干脆把元素的这种周期性叫作"八音律"，并据此画出了标示元素关系的"八音律"表。但是条件限制了他做进一步的探索，因为当时原子量的测定值有错误，而且他也没有考虑到还有尚未发现的元素，只是机械地按当时的原子量大小将元素排列起来，所以他没能揭示出元素之间的内在规律。

　　在此基础上，门捷列夫把元素卡片进行了系统的整理。他把整理过的元素卡片按照原子量的大小依次排列起来，发现性质相似的元素它们的原子量并不相近；相反，有些

门捷列夫

性质不同的元素它们的原子量反而相近。他紧紧抓住元素的原子量与性质之间的相互关系，不停地研究着。经过认真研究，门捷列夫宣称：把元素按原子量的大小排列起来，会出现明显的周期性，这就是元素周期律；原子量的大小决定元素的性质；可根据元素周期律修正已知元素的原子量。

在门捷列夫编制的周期表中，还留有很多空格，这些空格应由尚未发现的元素来填满。门捷列夫从理论上计算出这些尚未发现的元素的最重要性质，断定它们介于邻近元素的性质之间。例如，在锌与砷之间的两个空格中，他预言这两个未知元素的性质分别为类铝和类硅。就在他预言后的四年，法国化学家布阿勃朗用光谱分析法，从门锌矿中发现了镓。实验证明，镓的性质非常像铝，也就是门捷列夫预言的类铝。镓的发现，具有重大的意义，它充分说明元素周期律是自然界的一条客观规律，为以后元素的研究、新元素的探索、新物资和新材料的寻找提供了一个可遵循的规律。

趣味阅读

门捷列夫生前总是穿着自己设计的似乎有点古怪的衣服。上衣的口袋特别大，据说那是便于放下厚厚的笔记本，他一想到什么，总是习惯地立即从衣袋里掏出笔记本，把它顺手记下。

门捷列夫生活上总是以简朴为乐。即使是沙皇想接见他，他也事先声明：平时穿什么，接见时就穿什么。对于衣服的式样，他毫不在乎，说："我的心思在周期表上，不在衣服上。"他的头发式样也很随便。那时，男人们流行戴假发，对此，门捷列夫总是摇着头说："我喜欢我的真头发。"

最让人难忘的是，门捷列夫晚年，为了研究日食和气象，自费制造探测气球。气球制造好之后，原设计坐两人，由于充气不够，只能坐一个人。门捷列夫不顾朋友们的劝阻，毅然跨进气球的吊篮。他年老多病，却不畏高空危险，不怕那里风大、气温低，成功地观察了日食的过程。

门捷列夫的这种献身科学的精神，映衬着他对科学的巨大贡献，深深地影响着后人。

第九节
居里夫人

玛丽·居里是第一位荣获诺贝尔科学奖的女科学家，也是第一位两次荣获诺贝尔科学奖的科学家。自从 1897 年居里夫妇发现放射性元素镭之后，110 多年来，称颂他们的文章、书籍从未间断，可见他们的贡献和所具有的品质深深地留在后人的印象中，成为科学家和广大青少年学习的楷模。

1896 年，法国物理学家贝克勒尔发现了一种铀盐能自动地放射出一种性质不明的射线。这一发现引起了居里夫妇的极大兴趣，在一间原来用作贮藏室的闭塞潮湿的房子里，居里夫人利用极其简单的装置，开始向这个新领域进军。通过繁重而又艰巨的普查，她发现了另一种元素钍的化合物也能自动地发出与铀射线相似的射线，由此，她深信具有放射现象绝不只是铀的特性，而是一种自然现象。对此，她提议把这种现象叫作放射性，把铀、钍等具有这种特性的物质叫作放射性物质。

通过研究大量的材料，居里夫人有了新的发现：有些矿物的放射性强度比其单纯由所含铀或钍所产生的放射性强度要大得多。开始她还不敢确信这一测定，但是经过一二十次重复测量，她不得不承认这是事实，这些矿物中含有放射性比铀、钍强得多的某种未知元素。这是一个十分重要而吸引人的推断，尽管一些同行劝她谨慎些，她还是深信自己的试验没有错，并下定决心把这一新元素找出来。

居里夫人

这种未知元素存在于铀沥青矿中，但是，令她没有想到的是这种新元素在矿石中的含量只不过为百万分之一。她废寝忘食，夜以继日，分析矿石中所含有的各种元素及其放射性，几经淘汰，逐渐得知那种制造反常的放射性的未知元素隐藏在矿石中的两个化学部分里。经过不懈的努力，1898 年 7 月，她从其中一个部分寻找到一种新元素，它的化学性质与铅相似，放射性比铀强 400 倍。居里夫人给这一新元素命名为钋，以此纪念她念念不忘的祖国——波兰。为了表示对祖国的热爱，居里夫人在把论文交给理科博士学院的同时，也把论文原稿寄回祖国，所以她的论文差不多在巴黎和华沙同时发表。她的成就为她的祖国人民争得了骄傲和光荣。

发现钋元素之后，居里夫人以孜孜不倦的精神，继续对放射性比纯铀强 900 倍的另一部分进行分析。经过浓缩和结晶，终于在同年 12 月得到少量的不很纯净的白色粉末。这种白色粉末在黑暗中闪烁着白光，据此，居里夫妇把它命名为镭，它的拉丁语原意是"放射"。钋和镭的发现，给科学界带来极大的不安。一些物理学家持谨慎的态度，要等研究得到进一步成果才愿表示意见。一些化学家则明确地表示，测不出原子量，就无法表示镭的存在。

　　要从铀矿中提炼出纯镭或钋，并把它们的原子量测出来，这对于当时既无完好和足够的实验设备，又无购买矿石资金和足够的实验费用的居里夫人来说，显然要比从铀矿中发现钋和镭困难得多。为了克服这一困难，居里夫人和丈夫四处奔波，争取有关部门的帮助和支援。在他们的努力下，奥地利政府赠送给了他们1吨铀矿残渣。之后，他们在理化学校借到的一间破漏棚屋里开始了更为艰辛的工作。这个棚屋，夏天燥热得像一间烤炉，冬天却冷得可以结冰，不通风的环境还迫使他们把许多炼制操作放在院子里露天进行。

　　经过4年的奋斗，终于在1902年，即发现镭后的第45个月，居里夫妇从数吨沥青铀矿的残渣中提炼出了0.1克的纯净的氯化镭，并测得镭的原子量为225。镭元素是存在的，那些持怀疑态度的科学家不得不在事实面前低下了头。

　　这么一点点镭盐，这一简单的数字，凝聚了居里夫妇多少辛勤劳动的心血！每当居里夫人回忆起这段生活时，都认为这是过着他们夫妇一生中最有意义的年代。居里夫妇是一对将自己的一切都无私地奉献给科学事业的伟大科学家。1903年底，居里夫妇和贝克勒尔一起被授予诺贝尔物理奖。

趣味阅读

　　1895年，居里夫人和皮埃尔·居里结婚时，新房里只有两把椅子，正好两人各一把。比埃尔·居里觉得椅子太少，建议多添几把，以免客人来了没地方坐，居里夫人却说："有椅子是好的，可是，客人坐下来就不走啦。为了多一点时间搞研究，还是算了吧。"

从1913年起，居里夫人的年薪已增至4万法郎，但她照样"吝啬"。她每次从国外回来，总要带回一些宴会上的菜单，因为这些菜单都是很厚很好的纸片，在背面写字很方便。难怪有人说居里夫人一直到死都"像一个匆忙的贫穷妇人"。

有一次，一位美国记者寻访居里夫人，他走到村子里一座渔家房舍门前，向赤足坐在门口石板上的一位妇女打听居里夫人的住处，当这位妇女抬起头时，记者大吃一惊：原来她就是居里夫人。

第十节
卢 瑟 福

1871年，卢瑟福生于新西兰的纳尔逊。1895年，在新西兰大学毕业后，卢瑟福获得英国剑桥大学的奖学金进入卡文迪许实验室，成为汤姆孙的研究生。1898年，卢瑟福到加拿大麦吉尔大学任物理学教授，这期间他在放射性方面的研究和贡献极多。

1907年，卢瑟福回到英国并出任曼彻斯特大学的物理系主任。1908年，因对放射化学的研究荣获诺贝尔化学奖。1919年，任剑桥大学教授，并担任卡文迪许实验室主任。

19世纪末，物理学上爆出了震惊科学界的三大发现：德国物理学家伦琴发现了X射线；法国物理学家贝克勒尔发现了天然放射性；英国物理学家汤姆孙发现了电子。这些伟大的发现激励了卢瑟福，使他决心对原子结构进行深入研究。

经过多年的研究，卢瑟福提出了一种全新的原子模型，被称为卢瑟福原子模型。卢瑟福原子模型刚提出时，成功地解释了许多物理化学现象，但后来的研究发现，卢瑟福的原子模型有很大的局限性。后来，他的学生、丹麦物理学家尼尔森·玻尔综合了普朗克的量子论、爱因斯坦的光子论后，在其基础上提出了原子的玻尔模型。虽然玻尔提出的原子模型有了很

卢瑟福

大的改进，但它仍是经典力学与量子论相结合的产物，故随着科学的发展，出现了很多不符合实际的情况，后来被量子力学模型所取代。

卢瑟福发现了原子结构模型以后，在核化学方面也做出了杰出的贡献。1899 年，卢瑟福用强磁场作用于镭发出的射线，他发现，射线可以被分成三个组成部分。他把偏转幅度小的带正电的部分叫 α 射线，把偏转幅度大的带负电的部分叫 β 射线，第三部分在磁场中不偏转，且穿透力很强，他称之为 γ 射线。

1903 年，卢瑟福证实 α 射线是与元素氦质量相同的正离子流（氦核），β 射线则是带负电的电子流。卢瑟福把 α 射线也称为 α 粒子，他进一步用实验证明，α 射线打击到涂有硫化锌的荧光屏上，就会发出闪光。因此，他利用这一现象制成了可以观测粒子的闪烁镜。

卢瑟福进一步对射线的穿透力进行研究，他发现，大部分 α 粒子都可以穿透薄的金属箔，这些粒子在金属箔中"如入无人之境"，可以大摇大摆地通过。这一现象说明，固体中原子间并不是密不可入的，排列并不紧密，内部有许多空隙，所以 α 粒子可以穿过金属箔而不改变方向；但也有少数 α 粒子穿过金属箔时，好像被什么东西挤了一下，因而行动轨迹发生了一定角度的偏转；还有个别的 α 粒子，好像正面

打在坚硬的东西上，完全反弹回来。根据以上 α 粒子穿过金属箔的实验现象（这个实验被称为 α 粒子散射实验），卢瑟福设想，原子内部一定有一个带正电的坚硬的核，α 粒子碰到核上就会被反弹回来，碰偏了就会改变方向，发生一定角度的偏转，而原子的核占据的空间很小，所以大部分 α 粒子还是能穿过去。他根据这一假定计算出，原子核半径约为 3×10^{-12} 厘米，而原子的半径为 1.6×10^{-8} 厘米。

卢瑟福不仅是一位伟大的科学家，而且也是一位伟大的导师，在他的助手和学生中，先后获得诺贝尔奖的竟多达 11 人！卢瑟福培养出如此众多杰出的物理学家，恐怕没有一位同时代的科学家能与他相比。科学史告诉我们，一位杰出科学家不一定是一位伟人，而一位伟大的导师则一定是伟人。

趣味阅读

英国物理学家卢瑟福在思考 α 射线的本质时，有一天，忽然想到，如果 α 射线的本性是氦原子核流的话，它的性质便很容易说明。

虽然已是深夜，卢瑟福却立即抓起电话，叫醒了助手索第，一口气把自己的想法告诉了他。深更半夜索第被喊了起来，电话里传来的又是个没头没脑的设想，使索第有点不高兴，于是他反问："为什么？"卢瑟福的回答却是："理由嘛，还没有，只是个感觉。"

后来，通过实验，证明卢瑟福所感觉到的的确是真理，由此卢瑟福建立了他的理论体系（1902 年），去说明他感觉出来的真理。

第十一节
侯德榜

　　纯碱是重要的化工原料之一，其用途非常广泛，如制化学品、清洗剂、洗涤剂、照相术和制医药品。虽然人们曾先后从盐碱地和盐湖中获得碳酸钠，但仍不能满足工业生产的需要。1862 年，比利时人索尔维发明了以食盐、氨、二氧化碳为原料制取碳酸钠的"索尔维制碱法"（又称氨碱法）。此后，英、法、

侯德榜

德、美等国相继建立了大规模生产纯碱的工厂，并成立了索尔维公会，对会员以外的国家实行技术封锁。

　　第一次世界大战期间，欧亚交通阻塞。由于我国所需纯碱都是从英国进口的，一时间纯碱非常缺乏，一些以纯碱为原料的民族企业难以生存。1917 年，爱国实业家范旭东在天津塘沽创办了永利碱业公司，他聘请了正在美国留学的侯德榜先生出任总工程师，决心打破洋人的垄断，生产出中国的纯碱。

　　侯德榜在很短的时间内便掌握并改进了著名的索尔维制碱法，使制碱的工艺过程缩短而产量大增。1926 年，中国生产的"红三角"牌纯碱在美国费城的万国博览会上获得金质奖章，产品不但畅销国内，而且还远销日本和东南亚。

　　索尔维法生产纯碱时，食盐利用率低，制碱成本高，废液、废渣污染环境且难以处理。侯德榜在经过上千次试验后，在 1943 年研究成功了联合制碱法。这个新工艺就是把氨厂和碱厂建在一起，联合生产。由氨厂提供碱厂需要的氨和二氧化碳，母液里的氯化铵用加入食盐的

办法使它结晶出来，作为化工产品或化肥，食盐溶液又可以循环使用。

　　制碱的原理是依据离子反应发生的原理进行的，离子反应会向着离子浓度小的方向进行。要制纯碱（Na_2CO_3），就利用 $NaHCO_3$ 在溶液中溶解度较小，所以先制得 $NaHCO_3$。再利用碳酸氢钠不稳定性分解得到纯碱。要制得碳酸氢钠就要有大量钠离子和碳酸氢根离子，所以就在饱和食盐水中通入氨气，形成饱和氨盐水，再向其中通入二氧化碳，这时，在溶液中就有了大量的钠离子、铵根离子、氯离子和碳酸氢根离子，这其中 $NaHCO_3$ 溶解度最小，所以析出，其余产品处理后可作肥料或循环使用。为了实现这一设计，在 1941 年到 1943 年抗日战争的艰苦环境中，在侯德榜的严格指导下，经过了 500 多次循环试验，分析了 2000 多个样品后，才把具体工艺流程定下来。这个新工艺使食盐利用率从 70% 一下子提高到 96%，也使原来无用的氯化钙转化成化肥氯化铵，解决了氯化钙占地毁田、污染环境的难题。

　　这个方法把世界制碱技术水平推向了一个新的高度，赢得了国际化工界的极高评价。1943 年，中国化学工程师学会一致同意将这一新的联合制碱法命名为"侯氏联合制碱法"。所谓"联合制碱法"中的联合，指该法将合成氨工业与制碱工业组合在一起，利用了生产氨时的副产品 CO_2，革除了用石灰石分解来生产，简化了生产设备。此外，联合制碱法也避免了生产氨碱法中用处不大的副产物氯化钙的生成，而用可作化肥的氯化铵来回收，提高了食盐利用率，缩短了生产流程，减少了对环境的污染，降低了纯碱的成本。联合制碱法很快为世界其他各国所采用，开创了世界制碱工业的新纪元。

　　侯德榜为世界化学工业事业所做出的杰出贡献受到各国人民的尊敬和爱戴，他为中国化学工业的开发、建设和生产做出了卓越的贡献，是中国近代化学工业的奠基人之一。

趣味阅读

侯德榜幼年时家境贫寒，读书十分刻苦，放牛时仍手不释卷。

16 岁那年，侯德榜在姑母的资助下就读于福州英华书院，后保送上海闽皖铁路学堂，毕业后被分配到津浦铁路符离集车站当施工练习生。不久，他又考取清华留美预备学堂（清华大学前身）。

1913 年，侯德榜从预备学堂毕业的时候，以 10 门功课 1000 分的特优成绩被保送美国攻读化学专业。

第十二节
鲍 林

鲍林是美国著名的量子化学家，他在化学的多个领域都有过重大贡献，曾两次荣获诺贝尔奖，是 20 世纪最伟大的化学家，具有很高的国际声誉。

1931 年 2 月，鲍林发表价键理论，此后陆续发表相关论文。1939 年，鲍林出版了在化学史上具有划时代意义的《化学键的本质》一书，这本书彻底改变了人们对化学键的认识，将其从直观的、臆想的概念升华为定量的和理性的高度，至今仍有许多高水平学术论文引用该书观点。由于鲍林在化学键本质以及复杂化合物物质结构阐释方面做出的

鲍林

杰出贡献，他赢得了 1954 年诺贝尔化学奖。根据诺贝尔的遗嘱，他的奖只授予单项重大发现的科学家，而不适合于做出重要研究成果者，鲍林获奖首次突破了这条原则。

鲍林提出的共振论是 20 世纪最受争议的化学理论之一，也是有机化学结构基本理论之一。在量子化学领域，随着分子轨道理论的出现和发展，鲍林的化学键理论由于在数学处理上的烦琐和复杂而逐渐处于下风，共振论方法作为一种相对粗糙的近似处理也较少使用了，但是在有机化学领域，共振论仍是解释物质结构，尤其是共轭体系电子结构的有力工具。

自 1934 年开始，鲍林把结构化学应用于生物学，在抗原和抗体蛋白质结构的研究上，把抗体生成的直接模板学说发展得更加完善。在 20 世纪 40 年代，鲍林在生物学上做出了两项重大的贡献：一是与科里阐明了蛋白质的 α 螺旋结构；二是证明镰状细胞贫血是由于血红蛋白的变异，首先提出分子疾病的概念。1957 年，英格拉姆证明镰状细胞血红蛋白是由于血红蛋白中的谷氨酸被缬氨酸所取代。20 世纪 60 年代初期，朱克坎德和鲍林提出可以通过比较不同物种的同源蛋白质来确定不同物种的亲缘关系。目前，这种方法已被普遍使用，成为确定不同物种的亲缘关系最重要的方法之一。

鲍林曾经被媒体称作是一个"最受尊敬、最受嘲弄"的科学家，原因在于他提出了维生素作用的新观点，尤其是主张超大剂量服用维生素 C，并因此引发了一场关于维生素 C 的作用与剂量的大论战。美国的权威机构——食品营养委员会明确告诫人们："所谓的大剂量维生素疗法必须避免。"鉴于美国的影响力和双方的知名度，一开始这场论战就扩展到全球范围，各国的医学人士起初差不多都站到了美国同行那边。

时至今日，美国和世界各国的许多专家学者已经承认或接近承认鲍林的观点了。遥想当年，鲍林几乎是"孤军作战"与众多医学权威机构和权威人士论争，他为此而受到的嘲弄和轻蔑是任何一位著名学者甚至是一般人都难以忍受的。

趣味阅读

1979 年，鲍林的著作《维生素 C 与癌症》出版，宣称大剂量维生素 C 对癌症有效。

1986 年，在《怎样才能长寿与健康》一书中，鲍林把大剂量维生素 C 说成是万应灵丹妙药，"可以增进健康，增加生活乐趣，有助于防治心脏病、癌症和其他疾病，并且延缓衰老"。他身体力行，自称每日至少口服 12 克，患感冒时增加到 40 克。

1993 年，鲍林患前列腺癌接受放射治疗，他断言，由于他长期服用维生素 C，使癌症发病延迟了 20 年。这种说法当然无法验证，不幸的是他最终仍死于癌症。

由于鲍林的影响力，20 世纪 70 年代美国大约有 5000 万人服用维生素 C 作为保健品，维生素 C 的需求量迅速上升，批发价格涨了三倍，连续多年年销售额达数亿美元。为此，药厂欣欣鼓舞，称之为"鲍林效应"。荷夫曼—罗氏制药公司是世界上最大的维生素 C 生产商，获利最多，作为回报，该公司每年向鲍林研究所捐赠 10 万美元研究基金。

1976 年，鲍林还协助领导美国保健食品业向国会施加压力，要求通过一项法案，旨在削弱美国食品药品管理局（FDA）保护消费者免受营养品误导的作用。

1977 年和 1979 年，鲍林接受了美国营养食品协会的颁奖，这个协会是由专门制造和销售保健食品的商家组织的。

1981 年，鲍林向美国保健联盟（NHF）捐款，该联盟授予他保健自由贡献奖，并接纳他的女儿为终身会员。事实上，保健联盟是一个促销各种保健品的组织。

1983 年，保健食品推销商法尔可尼因声称维生素 C 可以预防膀胱癌、控制尿路感染、戒烟戒酒以及清洗胃肠免受咖啡因不良作用的伤害等，遭到虚假产品宣传的指控，鲍林为此还出庭辩护。

第十三节
卢嘉锡

卢嘉锡是我国结构化学的开拓者和奠基人、我国第一代杰出的晶体学家，他培养了一大批优秀的教育和科研人才，是我国享誉中外的科学家、教育家。

1915 年 10 月 26 日，卢嘉锡出生于福建省厦门市。1930 年，15 岁的卢嘉锡考入厦门大学化学系，毕业后留校任化学系助教三年。1937 年，卢嘉锡在伦敦大学化学系攻读研究生，1939 年在英国伦敦大学获博士学位，同年到美国加州理工学院学习和工作。1945 年，获得美国科学研究与发展局颁发的“科学研究与发展成就奖”。1945 年冬，卢嘉锡满怀“科学救国”的热忱回到祖国，受聘到母校厦门大学化学系任教授兼系主任。1955 年，他被选为中国科学院化学学部委员。1958 年，他参加筹建中国科学院福建物质结构研究所。1960 年，任福州大学副校长和福建物质结构研究所所长。

　　1939年秋，在导师萨格登教授的指点和推荐下，卢嘉锡赴美国加州理工学院到结构化学家鲍林教授的身边学习。结构化学是一门在分子、原子层面上研究物质的微观结构及其与宏观性之间相互关系的新兴学科，当时的研究手段还处在初级阶段，通常，科学家们需要花费很大的力气才能弄清楚某一物质的分子结构。卢嘉锡注意到，

卢嘉锡

鲍林教授具有一种独特的化学直观能力：只要给出某种物质的化学式，他往往就能通过毛估，大体上想象出这种物质的分子结构模型。

　　鲍林教授所表现出来的非凡才能令他的学生钦佩，但卢嘉锡并没有使自己仅仅停留在崇拜者的位置上：鲍林教授靠的是一种毛估，我为什么就不能呢？在反复揣摩之后，卢嘉锡领悟到：科学上的毛估需要有非凡的想象力，这种想象力只会产生于那些拥有扎实的基础理论知识和丰富的科研实践经验、训练有素而善于把握事物本质和内在规律的头脑。在后来的科研和教学生涯中，凭借着非凡的想象力和扎实的理论基础，自20世纪70年代起，在卢嘉锡的领导下，中国科学院福建物质结构研究所合成了数以百计的新型簇合物，在固氮酶活性中心的论断与模型、过渡金属类立方烷簇合物合成中的"活性元件组装"设想，以及一些硫钼簇合物中类芳香性的研究都走在世界前列，取得了令世人瞩目的成就。1992年，实际的固氮酶基本结构终于由美国人测定出来，先前各国学者所提出的种种设想都与这种实际测定的结构不尽相符。但19年前卢嘉锡提出的模型作为世界上最早提出的结构方面基本模型之一，在"网兜"状结构方面基本上近似地反映了固氮酶活性中心所具有的重要本质，他的毛估本领不能不让人由衷叹服！

　　长期的科研实践，使卢嘉锡特别重视毛估方法的运用，他常常告诫他的学生和科研人员："毛估比不估好！"他建议在立题研究之初

就能定性地提出比较合理的基本"结构模型"（通常表现为某种科学设想或假说），这对于正确地把握研究方向、避免走弯路是很有意义的。但他同时提醒大家：运用毛估需要有个科学的前提，那就是全面地把握事物的本质，否则毛估就可能变成瞎估。

卢嘉锡把自己的一生都献给了祖国的科研事业和教育事业，以他在结构化学方面取得的巨大成就，他的名字将会永远载入化学史册。

趣味阅读

1933 年，卢嘉锡在厦门大学读三年级时，教物理化学的区嘉炜老师进行了一次测试，考题中有一道题特别难，全班就卢嘉锡一个人基本上做出来了。然而，考卷发下来的时候，这道题卢嘉锡只得了四分之一的分数。

为此，卢嘉锡感到很委屈，因为他认为自己只是把答案的小数点点错了地方。区嘉炜老师注意到卢嘉锡思想上有些想不通，待他气消了之后，耐心地开导他说："不要看不起一个小数点，假如设计一座桥梁，小数点点错一位可就要出大问题、犯大错误了。今天我扣你四分之三的分数，就是扣你把小数点点错了地方！"

在老师的开导下，卢嘉锡理解了老师扣重分的一片苦心，当他静下心来检查出错的原因时，发现他的计算结果在数量级上明显地不合理；如果解题时能够认真对照分析一下题目所给的条件，错误是完全可以及时发现和纠正过来的，自己出错的根本原因就在于自己心中对解题的目标没有"谱"。

从此，不论是考试还是做习题，卢嘉锡总是千方百计根据题意提出简单而又合理的物理模型，毛估一下答案的大致数量级，有效地克服了因偶然疏忽引起的差错。